梁小民 著　ECONOMICS ISSOINTERESTING

经济学真有趣

机会原来就在你面前

贵州出版集团
贵州人民出版社

图书在版编目（CIP）数据

经济学真有趣：机会原来就在你面前 / 梁小民著. -- 贵阳：贵州人民出版社，2023.4
ISBN 978-7-221-17401-7

Ⅰ.①经… Ⅱ.①梁… Ⅲ.①经济学－通俗读物 Ⅳ.①F0-49

中国版本图书馆 CIP 数据核字（2022）第 201069 号

经济学真有趣：机会原来就在你面前
JINGJIXUE ZHENYOUQU:JIHUI YUANLAI JIU ZAI NI MIANQIAN

梁小民 / 著

责任编辑	程林骁
装帧设计	王　鑫
出版发行	贵州出版集团　贵州人民出版社
地　　址	贵阳市观山湖区会展东路 SOHO 办公区 A 座
邮　　编	550081
印　　刷	大厂回族自治县德诚印务有限公司
开　　本	620mm×889mm　1/16
印　　张	18
字　　数	202 千字
版次印次	2023 年 4 月第 1 版　2023 年 4 月第 1 次印刷
书　　号	ISBN 978-7-221-17401-7

定　价　99.00 元

第一章
在历史与经济之间

做西门庆还是卢俊义 / 002

晋商与国退民进 / 005

走近票号取真经 / 008

向晋商学习什么 / 023

贾府的经济转型 / 029

谈武林话经济 / 041

经济繁荣的背后 / 053

没有监管的开放 / 058

在强国与富民之间 / 063

英国商人的失算 / 068

官商并用的好处 / 071

伪改革的悲剧 / 075

动机与效果 / 080

第二章
经济学与怪现状

贪官并不幸福 / 086

网开一面不是帮助 / 090

反恐是一个经济问题 / 094

调查产生的偏差问题 / 098

买卖排污权的合理性 / 101

票贩子屡禁不止的原因 / 105

税收不能用于禁毒 / 108

非理性赌博 / 111

不能数字化生存 / 115

利己就是利他 / 119

追求均衡还是最大化 / 123

美丽是个综合指数(颜值即正义!) / 126

第三章
买卖里的经济学

一只羊与两把斧子 / 132

三季稻不如两季稻 / 136

最后一名乘客的票价 / 139

厨师不做家务 / 143

人死画值钱 / 146

二手汽车市场的交易 / 149

信子裙和大岛茂风衣 / 153

我为什么不买某种报 / 156

西南航空的奇迹 / 159

破窗经济 / 163

假日经济的作用 / 167

当火车驶过农田的时候 / 171

经济学家话灯塔 / 175

货币不只来自印钞厂 / 179

第四章
书页间的经济学

X效率与军队的士气　/ 184

周扒皮与王善人　/ 188

做蛋糕与分蛋糕　/ 192

威尼斯商人与风险管理　/ 196

经济学家的破案小说　/ 200

告诉你真实的韩国　/ 204

囤积居奇新解　/ 207

幸运的弗里德曼　/ 211

拯救亚当·斯密　/ 215

第五章
和经济学家闲话经济

老太太买菜逛个遍 / 224

美国总统赚多少钱 / 227

美国老板赚多少钱 / 230

身高与收入 / 234

穷国的富人爱打高尔夫 / 238

彩票的另一面 / 242

涨工资不能靠发善心 / 246

抚养子女的机会成本 / 249

莫把教育当消费 / 253

经济学家话婚姻 / 257

最优不是完美 / 260

可怕的理性人 / 264

快乐至死 / 268

预期使假梦成真 / 272

动物的经济学本能 / 277

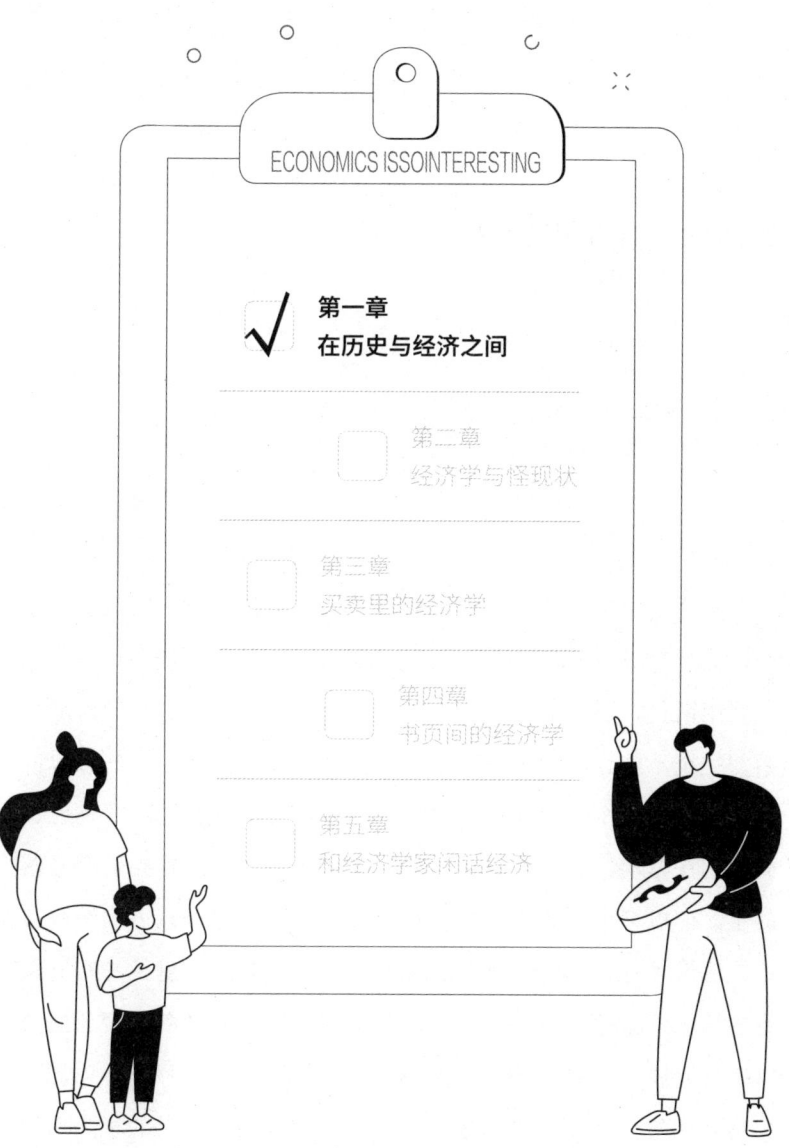

做西门庆还是卢俊义

宋代是中国封建社会商品经济相当发达的朝代，也就出现了一批在当时成功一时的企业家。《水浒传》中的西门庆和卢俊义就是其中两位。这两位应该说在商业上都是成功的，但与政府的关系却完全不同。企业家并没有生活在真空中，如何处理与政府的关系是任何一个时代和社会的企业家都要面对的问题。我们应该向西门庆学呢，还是向卢俊义学？西门庆原本是阳谷县一个破落财主，但以后成了阳谷县的大药材商，垄断了这个地方的医药市场，成为"有万万贯家财"的大富户。他成功的关键是与官府关系密切。《水浒传》中说"知县相公也和他来往""专在县里管些公事，与人放刁把滥，说钱过事，排陷官吏"。在《金瓶梅》中对他与官府的勾结有更多的描述。总之，西门庆是靠官员的权力欺行霸市致富的。这是封建社会中许多商人成功的捷径。

西门庆有没有值得学习之处呢？在封建社会或市场经济尚不完善的经济中，政府控制着资源配置的权力和政治权力，政府的权力无限膨胀。在这种环境下，离开了政府，企业谈不上成功，即使成功，也难以为继。中国历史上成功的商人，无论晋商还是徽商，都是官商结合而成功的。即使在美国这样市场经济发达的国家，企业也离不开政府的支持。企业做到一定程度，必然与政府有密切合作。波音、空客、通用，哪一家的成功没有政府支持？要获得政府支持，当然要与官员、政治家有良好的关系。从这种意义上说，官商结合不是封建社会独有。西门庆善于利用官员的权力也是他值得学习之处。

但今天的企业家绝不能当西门庆，这不仅因为他淫乱，还在于他在利用政府权力时的两个致命缺点。一是用行贿的办法买通官府。在任何社会中，行贿都是违法的。靠这种方法建立与政府的良好关系迟早要出问题。因为两者的关系建立在金钱的基础之上，必难长久。而行贿受贿之事，终究纸里包不住火。二是有了官方背景就胆大妄为，无法无天，这样下去必然有官也保护不了的时候。西门庆就死在这两条上。这样的路不是今天的企业家要走的。

卢俊义不愧为靠自己努力成功的企业家，富甲一方，为人仁义。但他浑身正义感，对腐败的官场不屑一顾，更别说与之交往了。然而，他也难以生存，被与其妻勾搭成奸的管家这种小人陷害。没有任何官员保护他，为他申枉，最后落草为寇，也不是善终。其实即使没有管家的陷害,他也很难把企业做下去。他有钱但不买政府的账,官员迟早会找个借口加害于他。

西门庆学不得,卢俊义也学不得,该做一个什么样的企业家呢?我想,企业家从创造一个有利于自己发展的环境出发,还要与政府建立良好的关系。这种关系不能靠金钱、美女这种非法行贿手段去建立,而要寻找双方的共同利益。一个官员,无论清廉或不清廉,没有一个不想把当地经济搞好的。搞好地方经济离不了企业,支持企业发展符合官员的利益。一个企业家,不仅想把企业做好,也想有利于本地经济,有一个好名声。在发展本地经济这一点上,官员与企业家有共同的利益点。官员刁难企业,企业家对抗政府,其结果是两败俱伤。明白了这个道理,企业家支持地方政府的工作,官员为企业发展创造一个良好的环境,官员和企业家结为朋友,在法律允许的范围内发展他们的友谊,这不就双赢了吗?

西门庆和卢俊义的时代过去了,但企业家如何获得政府支持的话题是永恒的。坚持卢俊义的正气,学学西门庆对政府关系的重视,企业在任何社会里都可以成功。

晋商与国退民进

中国历史上辉煌了 500 年的晋商是如何产生的呢？

古代贸易遵循的不是比较成本原理，而是互通有无。那些贸易发达的地区往往是某种重要物品的产地。晋商的起源是人们生活中不可缺少的食盐。在山西南部的运城（古称安邑县）与解州之间有个天然盐池。这里生产取之不尽、用之不竭的自然结晶盐，称为河东盐或潞盐。早在远古时期，人们就吃这里的盐。据说黄帝和炎帝打仗的一个重要原因就是争夺这个盐池的控制权。

在西汉汉昭帝时期，代表政府的桑弘羊与由霍光支持的贤良和文学就盐铁专卖问题进行了一场激烈的论战。这场论战后来由桓宽写成《盐铁论》一书。在这场争论中，实际上桑弘羊占了上风，此后盐铁由政府经营就成为基本国策。用今天的话来说，食盐这个行业是国进民退了。这种状况一直延续到宋代。当时盐池是国有的,盐的生产和销售完全由政府经营。官府通过抓壮丁式的徭役制征集盐丁,在盐池内捞采自然结晶盐。腐朽的封建政治制度决定了官府经营盐业,效率低下,食盐满足不了社会需求,食盐带来的财政收入也满足不了政府的需求。在盐业由政府经营时,也没有晋商之说。

官营的低效率引起变革,这种变革是由销售开始,然后进入生产的。北宋雍熙三年(986年),政府开始实行盐引制度,即由商人交钱领盐引(在产盐地购盐贩卖的凭证),从事食盐交易。开始时的盐引制称为"折中制",即由商人送粮食到边防地区,供给军队,称为"入中"。"入中"后给以"交引",再由池盐按引而偿之,称为"折中"。北宋庆历八年(1048年),"折中制"改为"钞盐法",即商人交4贯800文买一钞,凭钞到盐池领盐200斤,这种做法以后虽有变动,但基本坚持了下来。"折中法"的采用标志着食盐的销售领域实现了国退民进。晋商在这时开始大规模经营食盐。这正是晋商以后成为中国十大商帮之首的开始。

晋商进入食盐销售之后,扩大了销盐地区,又推动了生产的发展,在宋代以后的五十多年间,产量增加了89%。官府经营盐业,不仅销售效率低下,生产效率也低下。从生产方法看,过去采用人工捞采自然结晶盐的方法,由于洪水侵入,池水变淡,生产无法稳定。到明代初期,采用了"且种且漉"的方法,即垦筑畦埂引池水晒盐。但限制食盐产量增加的还有人的因素。官营池盐是盐丁制,即强制征集盐丁制盐。盐丁苦不堪言,官府用暴力强迫他们劳动,效率极低。 加之官场腐败,产量远远满足不了需求,明代弘治年间(1488—1505年),每年盐引达42万引,无法全部支付。 这样,明代政府为了满足财政需要,不得不放开了生产,即在生产领域实行国退民进。 这就是允许部分商人自备工本参与池盐生产。 大约在正德年以后,晋商开始进入生产领域,商人按引交银,自己雇人生产。 民营生产管理效率高,工人由被迫应征的盐丁变为自愿受雇的工人,生产积极性提高,池盐产量大大增加。 在宋代,最高年产量为8000多万斤,到明代已达2.8亿多斤,增加了3.5倍左右。 以后,政府完全退出生产经营,废除了官办制和盐丁制,全部实行了"畦归商种"。 到康熙十九年(1680年),有坐商(制盐者)51万名。 每商一处,领池地八点三分,交银300两。 在这种民营化过程中,宣大总督王崇古家族和吏部侍郎张四维家族成为第一代以盐业起家的晋商大户。

从晋商的这段历史中可以看出,"国退民进"是逼出来的,只有官府经营实在维持不下去时,它才会退出。 无论官营的效率有多低,只要能维持,就不会轻易言退。 那毕竟有太大的利益诱惑,有一个以此为生的既得利益集团。 而且,只有国退民进,才有民营企业的发展和经济振兴。

晋商是国退民进的结果。 没有国退民进就没有辉煌500年至今仍让我们骄傲的晋商,这就是历史的结论。

走近票号取真经

清道光、咸丰年间，当以盐业为主的徽商走向衰亡时，晋商却正走向辉煌。使晋商辉煌的是票号，票号不仅创造了汇通天下的业绩，而且建立了一套行之有效，至今仍有启示意义的制度。

每当我看到媒体上关于银行被诈骗，内部人卷款外逃的报道时总会想到票号。票号在其存在的近一百年间，经手的银子少说也有十几亿两，但从现有资料看，基本没有发生过被诈骗、内部人卷款外逃或贪污等事件。一百多年前封建社会的票号经营得居然比今天的银行还好，这到底是为什么？当然，票号的成功有其特殊历史环境，它的模式在今天是无法克隆的，但不可否定的是，它的许多成功经验，尤其是完善有效的制度建设，在今天仍然是有意义的。走近票号，取其真经，正是我们研究票号的目的。

票号的兴盛

研究票号,先了解点儿票号的历史。

在漫长的封建社会里,我们有过相当发达的商品经济,也就必然有为之服务的金融业。中国封建社会中金融业的业态包括典当、印局、钱庄、账局和票号。典当从事抵押贷款,产生于南北朝时期。印局从事短期高利贷(称印子钱)活动,产生于明末清初。钱庄主要从事货币兑换(白银与铜钱兑换以及不同成色银子的兑换),也从事存贷款业务,产生于明代中后期。账局从事存贷款和商业清算业务,产生于雍乾年间(第一家有记载的账局是乾隆元年,即1736年,由山西汾阳人在张家口开设的祥永发)。票号从事大宗存贷款及银钱汇兑,产生于道光初年(第一家票号是道光三年,即1823年成立的日升昌)。

随着清代商品经济的发展,原有的典当、印局、钱庄和账局已不适应发展需要。票号的产生是历史发展的必然结果。而且,票号产生于晋商也有其历史必然性。晋商是中国历史上最早、存在时间最长也是最成功的商帮,当之无愧地位于十大商帮之首。晋商萌芽于先秦,兴盛于明清,终结于民国。在长期的经商过程中,晋商积累了大量资本,富甲海内。同时,晋商奉行"以义制利",其诚信和商德饮誉海内外。晋商的业务遍及海内外,在各地拥有众多分号,资本、信誉和分号正是成功的金融业的基础。晋商在票号前的典当、印局、钱庄和账局中都是相当成功,且在全国有影响的。这是票号产生于晋商的基础。但票号出现于1823年，由日升昌最先建立则有偶然性。当时是由于平遥李家西裕成颜料铺北京分号的大掌柜雷履泰敏锐地发现了银钱汇兑的商机，并鼓动李东家把颜料铺改为日升昌票号。

  票号出现后经历了发展、辉煌与衰亡的不同阶段。1823—1853年是票号的形成时期。1853—1863年是票号受太平天国起义打击的受挫时期。1863—1893年是票号最辉煌的30年。这一时期，票号的业务由客户以商人为主转向以政府财政汇兑和贷款为主，这使票号业务和利润大增。1893—1911年是票号的危机时期，20世纪初的义和团运动、八国联军的入侵都沉重打击了票号，加之清王朝的衰亡，使严重依赖政府的票号难以再现辉煌。清政府灭亡时欠票号债务七百余万两白银，给了票号致命的一击。1911—1921年是票号苦苦挣扎的10年。到1921年，随着最后一家票号的破产，票号终于从历史上消失了。票号的消失也标志着辉煌500年的晋商的灭亡。对票号和晋商灭亡的原因有各种不同的解释。晋商没有实现从传统商业向现代工业的转化，票号没有完成从传统金融向现代银行的转化，其中的许多谜还要我们去破解。

  在这近一百年间，全国票号共51家，其中8家为南方人经营，43家由山西人经营。在这43家中，祁县（12家）、太谷（7家）、平遥（22家）共41家（另两家为太原人）。所以，祁、太、平又有中国华尔街之称。票号被称为现代银行的"乡下祖父"，英语中票号被称为"Shanxi Bank"。今天我们更多关心的不是它们辉煌的业绩，而是它们在制度上的创新。

产权与公司治理结构

晋商当然不懂什么现代企业理论，但票号作为一个企业，其制度设计却与这套理论有许多不谋而合之处。

现代企业理论强调，企业的效率来自产权明晰，而且最有效的产权形式是股份制。票号实行的正是股份制。票号的资本称为银股，分为正股与副股。正股是原始股，即初始的投资，通常由多个投资人出资。每股高者有 1 万两银子，低者有 2000 两银子，中间有 5000 两银子。股东多者有二十多个，少者也有近十个。例如太谷志诚信共有 21 个股东。在这些股东中有一家最大，称为大东家。正股中还有倍本银和护本银，由原有股东所分的红利转化而来，以便增加资本，防范风险。正股不拿利息，只参加分红。银股中的副股是由东家、大掌柜及其他高层管理人员的分红转化为股份，但副股只拿利息，不参与分红，相当于向票号的贷款。由这种资本结构可以看出，它已经具备了现代股份制的两个特点：股权多元化和控权相对集中。在票号中代表所有者决策的是大股东，其他股东仅仅是参与分红。

票号实行完全的两权分离，即所有权与经营权的分离。东家作为所有者只管两件事：任命大掌柜（总经理）和主持 3～4 年一个账期的分红，但不参与票号的经营与管理（山西人把这种东家称为"甩手掌柜"）。有些票号在东家与大掌柜定的合约中还明文规定，东家平时不准去票号，不能向票号推荐人员，东家的三爷——少爷（儿子）、姑爷（女婿）、舅爷（小舅子）——不进票号从业，这些规定旨在限制东家对实际经营管理的干预。东家最主要的责任就是选一位德才兼备的大掌柜，然后全权授权经营，这体现了"疑人不用，用人不疑"的原则。这种全权授权使票号出现了一批极为优秀的职业经理人。在这种委托—代理关系下，东家承担无限责任，大掌柜有经营管理实权，但并不承担经营中的风险。这也决定了东家在选择大掌柜时是极为慎重的。在票号的历史上，选人不当的事基本没有发生过。

在选定大掌柜之后，就由大掌柜选择并组成自己的管理团队。大掌柜是票号经营管理的最高领导，全权处理全号内外事务，既有决策权，又有执行权。包括内部制度的制定与执行、人员的选用、分号的设立与管理、资本调度及其他决策。大掌柜下设二掌柜，协助大掌柜处理全号事务，尤其是内部制度实施以及员工的考勤、生活安排等事务（山西人往往把老婆称为这种主内的"二掌柜"）。有些票号还设有三掌柜，协助二掌柜工作，主要负责柜台（即对外）业务。这三人属于高级管理层，是票号管理团体的核心，但以大掌柜为中心。

在此以下的中层管理人员包括总管全号账目、负责银钱出纳的管账先生一人（相当于财务总监），协助管理账目的副管账及帮账若干人（帮账多由学徒担任，有边干边学之意）。文牍先生一人，办理对内对外的往来信件（尤其是定期向分号写信，或分号向总号写信），录信员一人，正跑街一人（负责对外业务，包括接洽存贷款以及银钱往来）副跑街若干人（协助正跑街处理业务）还有练习跑街若干人（由学徒担任）。此外，还有坐掌柜一人，负责管理门市业务（如兑换银子等）。这种管理框架已有现代企业的财务部（管账）及业务部（跑街）。各个部门和不同账务的人分工明确，责权利一致。这就保证了票号有效正常地运行，而且，机构简单，人员精干。

为了适应票号在全国甚至外国进行业务的需要，在总号之下又设分号（亦称分庄）。分号的设立由大掌柜决定，人员由总号派出。但分号并不独立从事业务，仅仅是整个票号这盘棋上的一颗棋子，其业务由总号调度，也不单独考核分号的业绩。这表明：票号采用了垂直式管理的集权组织模式。这是因为票号的原则是"酌盈济虚，抽疲转快"，以加速资本的流通与运用。业务多为"南放北存"，即吸收北方达官贵人的存款，到南部商业发达地区放贷。票号实行垂直式集权管理与它们的业务特点是一致的。这就是现代组织行为学中所讲的战略目标决定组织架构。

严格的管理制度

票号在全权授权经营的治理结构下，没有出现过职业经理人贪污、卷款私逃或其他机会主义行为。这在世界企业史上也是一个奇迹。这个奇迹的出现首先在于有一套严格的管理制度。这套制度包括对员工的管理、财会制度、防伪制度以及相应的督察制度。

票号中对员工的管理是极为严格的。这包括进入票号也要铺保（由与票号有业务关系的店铺提供担保），担保者对被担保者负全责，以及严格的规章制度。票号要求员工"重信义，除虚伪；节情欲，敦品行；贵忠诚，鄙利己；奉博爱，除嫉恨；喜辛苦，戒奢华"。这种要求还明确为十不准：不准携带家属，不准嫖妓宿娼，不准参与赌博，不准吸食鸦片，不准营私舞弊，不准假公济私，不准私营放贷，不准贪污盗窃，不准懈怠号事，不准打架斗殴。违反者开除，不仅本票号，而且同行亦永不录用。许多票号还有更细的规定，如分号的人给家里带信、带东西，先要交总号检查，由总号转交等。这种对人的管理强调了员工的身份等级和对员工的人身控制，也许它不符合现代以人为本的观念，但在当时的社会中是允许的，也是有效的。

票号有一套相当完善的财务制度。晋商的簿记制度是由明末清初山西思想家傅山先生创立的龙门账。它把全部商业活动按性质、渠道划分为进、缴、存、该四类，分别设立账簿核算。"进"指全部收入，"缴"指全部支出，"存"指包括债权在内的全部资产，"该"指包括投资在内的债务。其原则是进－缴＝存－该，或者该＋进＝存＋缴。账目的平衡称为"合龙门"，故有龙门账之称。这一会计账目在本质上类似意大利人创立的会计体系。票号的财务账目是在此基础上形成的，但账目更为详细。账目总体上分为作为原始记录的流水账、分门别类的分类账（这种账按门类又分二十余种），以及记载现金来往的现金账。同一笔经营活动分别记入不同账目中，互相核对就可以防止内部人的贪污行为。1897年，山西大旱，有外地捐款1万两由三晋源汇至太原的一家小票号巨光源，官府未及取出，被该号王鉴、车跃龙、贾世源私吞，此事在1898年查账时查出。这表明票号的财务簿记制度是有效的。

票号实行"认票不认人，见票即付"的原则。为了防止假冒，设计了一套防伪制度。这套制度包括精心印制汇票，如蔚泰厚的汇票由平遥一处印制，绿线红格，并有水印"蔚泰厚"三字；票纸有数，如有报废必报总号备案；书手固定，一人书写，笔迹可辨；附加暗号。这种暗号类似今天的密码，又称密押制，其原则是"月对暗号，日对暗号，银总暗号，对自暗号"，用"谨防假票冒取，勿忘细视书章"这12个字分别代表12个月，用"堪笑世情薄，天道最公平，昧心图自利，阴谋害他人，善恶终有报，到头必分明"这30个字代表30天；用"生客多察达，斟酌而后行"代表1到10，用"国宝流通"代表万千百十。对自暗号是再加一个暗号，如在汇票上写"谨堪生盘"。这种暗号还定期更换，以免泄密。这种制度既保证了业务畅顺，又防止了外部人造假诈骗。

为了保证这些制度的实施，票号还有相应的督察制度，包括分号定期向总号汇报工作，既可以使总号了解各地情况，便于决策，又可以考察下面的工作，还包括总号派人到下面各分号考察业务和员工的业绩、纪律等状况。

这些制度保证了票号的成功。

人才选拔培养与激励机制

制度要人执行，业务要人去做，企业说到底还是要有德才兼备的人。鼓励这些人去努力工作要靠激励机制，票号的成功亦不例外。

票号的用人原则可以概括为三条：用乡不用亲，即所有人员一定是山西人（以祁、太、平为主），既可防止家族管理的弊端，又可用乡亲关系实现同心同德，德才兼备，尤其重视职业道德；必须有铺保，作为对员工的一种制约。

在票号中最重要的是大掌柜。大掌柜由东家亲自选定。东家对大掌柜人选要多方考察，包括若干次面谈。东家对德才兼备的人才极为重视，发现人才不惜代价。在晋商票号中有一批优秀的职业经理人，如日升昌的雷履泰、蔚泰厚的毛鸿翙、蔚丰厚的李宏龄、大德通的高钰等，以今天的眼光看也是相当优秀的。

票号的管理骨干都是自己通过学徒制培养出来的。在选拔时就十分严格，如志诚信招收学徒的标准是：15～20岁之间，身高5尺，家世清白（三代无从事不良职业者），五官端正，毫无残缺，语言清晰，口齿伶俐，举动灵敏，善珠算，精楷书，有与票号有业务关系的店铺担保。进号要经过面试与笔试。学徒为期三年。第一年干杂活，以考察品德为主；第二年学习业务，包括文化、写字、珠算、票号业务、骑马、蒙古语等；第三年跟师父跑业务，在实践中学。票号内的许多中高层管理人员都是这样一步步提升上来的。他们忠于票号，忠于职守，且精通业务，保证了票号的成功。

票号极其重视激励机制。员工的待遇包括生活的供给制、薪金、休假，以及独特的身股制。员工除假期外平时吃住在票号内，一日三餐水平相当高，衣着或由票号发，或给以现金补贴，日用品和度假的旅费亦由票号支付，薪金是让员工养家的，一般学徒满期后即可领取。从年薪二两或四两银子起，最高可至100两银子。据太谷协成乾的记载，100两以上和10两以下者并不多，70两者占员工的三分之一。这在当时已可维持小康的生活水平。

票号中最有特色的激励机制是身股制。身股是员工的人力股，可按股分红，在票号工作一定时间就可以有身股，称为"顶身股"。身股按员工的职务、工龄和贡献分为1厘到1分（10厘）。一般从1厘起身（也有从0.5厘起身的）。每个账期根据业绩晋升一次。一般来说，总号大掌柜可以有1分（也有例外的，如毛鸿翙分别在两个票号各有1分，共2分，还有大掌柜是1.2分的），分号掌柜可以有5～6厘。一般而言，票号的红利按银6身4的原则分红（也有按其他比例的）。比如，这个账期（3～4年）共有红利10万两，则银股分6万两，身股分4万两。如果身股共2分，则每厘为2000两，顶5厘身股者则可分1万两银子。从实际情况来看，不同时期不同票号的分红情况差别很大，最好的有1分分到17000两银子的。差的也有1分分到2000两银子的，平均而言，大体1分身股在1万两银子左右。这在当时已经是相当高的收入水平。例如，一个分号掌柜顶身股5厘，3～4年就可分5000两银子。再加上供给的生活用品和年薪，已高于当时的七品县官——其全部收入为1050两银子。而且，在顶身股者去世后家属还可以在两个账期中参与分红。

身股制就是全员分红制，它把票号的整体利益与员工的利益紧密联系在一起，促使员工为票号的利益而努力工作。日本企业采用的全员分红制正来自这种身股制。

票号员工还有休假待遇。总号员工一般两三个月休假一次，每次 7～10 天。分号员工由距离远近而定。如太原分号，一年一次，休两个月；远者三年一次，休半年，再远者五年一次，休一年。这些福利在当年许多商号中还是不多的。

这些有效的选人、培训人和激励机制也是票号成功的重要原因。

企业文化与道德的作用

任何一个企业仅仅有严格的管理和物质激励还是不够的。人的欲望是无限的，再严格的管理也会有漏洞，这就需要有道德规范，以及体现这种道德规范的企业文化。票号在这方面也为我们树立了一个榜样。

晋商成功地把中国传统伦理道德转变为自己的企业文化。传统道德以义为核心，但却主张"重义轻利"。晋商保留了"义"，但却把"重义轻利"转变成"以义制利"，并把它们作为企业文化贯彻在自己的商业行为中，作为晋商顶峰的票号完全继承了这种企业文化。

传统文化中的"义"可以理解为"忠义"，"忠"是下对上的忠诚与服从，臣忠于君，子忠于父，等等。它是维护封建"君臣父子"等级秩序的伦理道德基础。"义"是对别人的诚信，是维持人与人之间正常交往秩序的伦理道德基础。晋商成功地把这种伦理道德观运用于商业活动。"忠"就要求大掌柜忠于东家，下级员工忠于上级。在任何一个社会中,企业都是一个严密的组织。作为一个团队,其效率来自内部的协调,这种协调的基础是秩序。这种秩序的中心是等级制与服从。社会权利的平等与企业内的等级并不矛盾。晋商要求的忠义是对其成员的道德规范。"义"要求对同业、对客户的诚信,因为这是任何一个社会中商业成功的道德基础。尤其对票号来说,客户把真金白银交给你,换回了一张纸条,如果没有诚信,哪有什么汇兑业务?所以,票号把"忠义"作为自己企业文化的核心,在内是提高效率的需要,在外是开展业务的需要。

当然,要把这种文化观念灌输到每个员工的头脑中,变为他们工作的指南,还要强调两个问题:引导与惩罚。引导就是让员工接受,票号在这方面做了两件大事。一是从学徒时起就要读"四书五经",读书的目的主要不在于学文化,而在于接受这种观念。二是把关公作为忠义的楷模,作为至高无上的神,用这个偶像来表达忠义的观念。关公崇拜是晋商和票号中一个独有的现象(其他商帮中不存在这种现象,起码不像晋商那样,把关公作为唯一崇拜对象)。这固然与关公是山西人相关,但更重要的是关公身上有票号所需要的精神。关公就是票号企业文化的载体或符号。要让员工接受这种企业文化还需要相应的惩罚,票号中的各种制度把这种企业文化变为可操作的制度,并对违规者严加惩罚。

晋商票号还有另一种企业文化——群体精神。商帮的"帮"字正在于同一商帮企业之间的合作与协调。山西人以"抱团""老乡观念强"著称,晋商正是以地域为纽带联系在一起的(徽商是以血缘为纽带联系在一起的)一个松散商业集团。各个票号都是独立的,相互之间也存在竞争,但它们之间又不乏合作与相互支持。这种群体精神在外地体现为会馆的建立。会馆是同乡聚集的地方,不仅交流感情(思乡之情),而且相互帮助。在今天所留下来的明清会馆建筑中,山西晋商的会馆是最气派、最多的。在本地(总号所在地)则有行会,订立成文的或相互默契的行规,进行自律。例如,由于犯错误而被一个票号开除者,其他票号不能录用。这对提高职业经理人的职业道德起到了积极作用。票号中相互借贷,帮助同行渡过难关的事例在票号史上屡见不鲜。

任何一个成功的企业都有自己独特的企业文化,票号的经验又一次证明了这一点。

票号的启示

票号存在的历史不到一百年,真正的辉煌也就是三十多年。在当时历史条件下,我们也不能希望票号成为现代企业,它有其本身无法克服的时代局限性和弱点。许多使它成功的因素也成为使它走向衰亡的因素。两权分离下的全权授权经营使职业经理人得以最大限度发挥自己的才能,但离开了所有者的制约,也会出现今天所说的内部人控制问题。以封建伦理道德为基础的制度和文化不能适应变化了的条件,使其中人治与保守的负面作用日益显著。票号以政府业务为主,对政府的依附是它成功的条件之一,但也留下了随清王朝灭亡而衰亡的隐患。我不准备深入探讨票号衰亡的根源，如果不是苛求古人，值得注意的倒是票号给我们的启示，尤其是在银行被诈骗、内部人贪污案件突出的今天，这种启示更值得注意。

在票号中尽管所有者（东家）并不参与经营管理，但并不等于不负责任，东家要用自己的财产承担无限责任，就决定了他必须关心财产的使用，这个问题当时是靠认真选大掌柜来实现的。东家对票号的关心与控制还在于产权明晰。产权一直是困惑国有银行的一个问题，由于所有者缺位，实际上缺乏真正对银行资产负责的人。到2004年年底，有4000名左右的银行从业者外逃，带走资金500亿美元。2005年银行被诈骗，卷走资金又达十几亿，有谁为此承担责任？如果这种事出现在票号，东家就破产了，所以，他要负责。今天的银行缺乏一个真正负责的所有者，这正是产权不明晰的结果。所以，国有银行的改革也应该与其他国企一样，通过股份制来实现产权明晰。

票号的治理结构远远没有达到现代企业的水平，但它适应了当时那个时代的实际情况。票号的制度当然不是我们今天银行改革模仿的榜样，但票号制度中所体现出的责权利一致、管理严格有效并认真实施的精神却与建立有效公司治理结构的思路一致。具体做法无法仿效，但核心精神是应该学习的。试想一下，如果有一套有效的制度，个别银行内部人能轻易地把几个亿，甚至十几个亿资金转移到国外吗？票号不许带家眷上任或在当地结婚，有防止卷款逃跑的目的。这种对人身的限制今天不适用了。但总不能眼看着贪官把家先安在国外，有条不紊地为外逃做准备吧？我们银行的哪些制度出了毛病，应该如何用制度来亡羊补牢，的确是一个值得深思的问题。

一个高效的职业经理人队伍是票号成功的保证。这支队伍的建设靠制度，尤其是激励机制和约束机制，也依靠思想道德建设。这是票号宝贵的经验。也许票号的许多做法今天已经不适用，例如生活上的供给制以及把关公作为精神偶像。但其基本思路是正确的：物质激励加精神激励。我们所要做的是在现代条件下如何实现这两种激励并举。我们缺乏的是票号中那一批敬业的职业经理人。但这些人并不是天生的，而是制度的产物，造就这种人才的"原料"并不缺，缺的是如何把他们加工成材的制度与机制。

在票号产生的相当长时间内，政府没有任何管制，其建立不用审批、注册，也没有任何外部制度约束，甚至不纳税。

直至1906年，我国才有了第一部《银行法》，这时票号已走向衰亡了。但票号在没有外部硬性制约的情况下，自觉守信，严以律己，没有引起重大挤兑、破产风潮，还促进了经济发展，这不能不说是一个奇迹。票号这种自觉的自我约束也值得我们学习、深思。如何建立银行和整个银行业的自律也是我们面临的一个问题，仅仅靠外部制约是不够的，银行要有自律意识。

现代银行比票号复杂得多，但票号这位"乡下祖父"的做法仍值得我们借鉴，越走近票号，你就越会觉得它是一笔可贵的精神遗产。

向晋商学习什么

辉煌500年的晋商是山西人的骄傲,但我们不能以阿Q"祖上富过"的心态作为自我安慰,而应该继承和发扬晋商精神,在这个新时代再现晋商风采。因此,晋商精神是什么,我们应该如何继承,就是新一代晋商必须了解的。

晋商精神是什么

对于晋商的辉煌,大家是一致承认的,但对于什么是晋商精神,学者的认知并不一样。

许多学者认为,晋商的精神是勇于开拓、勤奋、诚信,等等。这些精神对晋商的成功的确起了不可忽视的作用,但并不是晋商独有的精神，也不是晋商成功的关键。勇于开拓是许多国家和中国不同地区的人共有的精神。有迫于生活的压力，也有追求更好生活的动力。中国历史上有过多次移民潮，沿海一带人民甚至到海外开拓，但有几个成就了晋商一样的事业？勤奋是中华民族优秀的传统，几乎所有到过中国的学者，甚至像亚当·斯密这样没来过中国的学者，对中国人的勤奋都交口称赞，但旧中国依然没有摆脱贫穷与落后。诚信是中国传统道德的一个重要组成部分，但这种诚信精神并没有成为社会财富。美国社会学家福山指出，中国缺乏普遍的信任，晋商所具有的低层次有限信任，任何一个商帮都具有。这种种对晋商精神的概括都不能说错，但都太泛泛化了。

我们所要寻找的晋商精神是晋商所独有，其他商帮所没有或不明显的精神，是晋商成功最核心的因素。这种精神在我看来是制度创新和与时俱进。

与中国其他商帮相比，晋商的企业制度是最完善的。任何一个企业的成功都要依靠制度，晋商能够辉煌500年，尤其是产生了汇通天下的票号，依靠的也是制度。晋商的股份制已经体现了股权多元化和相对控股的特点。委托—代理关系下的全权授权经营，使优秀的职业经理人得以充分发挥自己的才能，又避免了家族企业家族化管理的弊端。以身股制为中心的激励制度，保证了高效率，至今仍不过时。企业内严格的管理制度减少了内部人的机会主义行为。中国的其他商帮也曾有过不同程度的辉煌，但有这套制度者，唯有晋商。

与晋商齐名的徽商在清道光、咸丰年间已经开始衰落了，但晋商在这一时期却登上了事业的顶峰，其根本原因在于能否与时俱进。晋商和徽商都是以盐业起家的，当清代嘉庆道光年间盐业的垄断被打破时，徽商就无可挽回地走向了衰亡。晋商在明代中期之后逐渐失去在盐业中的优势，首先转向多元化经营，然后又转向票号，创造了一个又一个辉煌。这正是晋商的与时俱进。晋商能根据不同的形势，调整自己的经营方向，尤其在清道光年间抓住时机转向票号，完成了一次成功的转型。在一个变动的世界中，及时做调整，是任何一个企业成功的必由之路。晋商不愧识时务的俊杰，用今天的话来讲，就是做到了与时俱进。这句话说起来并不难，难的是实践。晋商的成功正在于他们做到了这一点。

当然，晋商还有许多值得学习的精神，但只有在制度创新和与时俱进的基础上，其他精神才能发挥作用。

晋商的缺陷

今天我们谈到晋商，更多说的是他们成功的经验与值得学习的精神，但同时也应该注意使晋商走向衰亡的内在缺陷。只有以这种态度来探讨晋商精神，才具有现实意义。

在任何一个社会中，企业的成功都离不开政府。晋商和徽商的成功都得益于官商结合。但官商结合也埋下了晋商和徽商衰亡的种子。晋商票号的极大发展得益于汇兑官款和向政府的贷款，但当清政府灭亡后，票号的700万两政府借款化为泡影，这对晋商无疑是一个重大打击。晋商在与政府的交往上有两个问题：一是对政府的依赖性太强,企业要利用政府获得政策支持,但同时要保持自己的独立地位。晋商后期过分依赖政府,就会同政府绑定命运。在清末政局不稳的情况下,其风险就相当大了。二是晋商与政府的关系是通过个人交往、行贿等非制度化方式来建立和保持的,虽能这在当时的社会中是无可奈何的,但也使晋商付出了较大的代价,并增加了不确定性和风险。

晋商的成功得益于它对中国文化的改造和利用。把中国传统文化中的"重义轻利"改为"以义制利"是晋商成功的起点。传统文化中的"等级观念""诚信观念",都对晋商的成功起到了重要的作用。但应该承认,传统文化中也有不利的一面。传统文化讲人治,晋商尽管有一套制度,但仍然没有摆脱人治。在股东中不是由董事会根据制度做决策,而是由控股的大股东一人说了算。在经营中则是由大掌柜一人说了算。大股东选对了人,大掌柜经营得法,晋商就成功。大股东选错了人,大掌柜经营失误,晋商就失败。票号没有成功地转向现代银行,正在于掌权的大掌柜(如蔚泰厚的毛鸿翙)的竭力反对,这种大掌柜可以"一言兴号,一言灭号"。人不可能不犯错误,由人兴亦可由人亡,任何依靠人治的企业都难以基业长青。

传统文化的另一个缺陷是保守,以自我为中心盲目排外。19世纪末20世纪初,外国资本大量进入中国市场,外资银行在中国广泛设立。晋商把自己的票号看得完美无缺,不知道"师夷之长",学习外国银行先进的制度、经营理念和管理方式,使它在与外国银行的竞争中失利,并失去了走向现代银行的机会。那些掌权的大掌柜身居偏僻的山西内地，对世界的巨大变化几乎一无所知，个别了解世界的晋商，如渠本翘，则无力改变晋商的整体保守心态。这时，晋商的衰亡就不可避免。

晋商犯过不少错误，有许多失败的教训，究其根源还在于固守传统观念上。

新晋商的推陈出新

山西经济的振兴有赖于新一代晋商。新晋商不是历史上晋商的"克隆"，而是21世纪的企业家。但我们不能割断历史，新晋商应该从历史上的晋商身上学习好的精神传统，并克服先辈的缺点。根据我们对晋商经验与教训的分析，新晋商应该比历史上的晋商有根本性突破。

首先，新晋商应该实现制度化决策与经营。许多民营企业是从家族企业起步的，这并不奇怪。但一旦企业做大之后必须摆脱家族制。晋商的股份制，家族企业非家族化管理，以及激励机制和其他严格的管理制度，都是值得我们学习的。当然，我们并不是要照搬晋商的做法，而是让一个家族企业转型为股份制企业，用法治代替人治。

其次，克服保守观念，向全国学习，向世界学习。广东、浙江等地民营企业的强大还在于得开放之利。总体上看，山西还是较为保守的，这种观念阻碍了山西经济发展，只有开放，才能与时俱进。山西许多民营企业产生于煤业，但煤不是取之不尽、开之不完的，要在适当的时候转型——像晋商那样由盐转向多元化，又转向以票号为主。走出山西看全国，看世界，走出煤炭看其他行业，山西才有希望。

最后，要处理好与政府的关系。今天的新晋商仍需要政府的支持，利用政策机会，也应该与政府建立良好的关系，但我们不能像历史上的晋商那样与政府密不可分。企业发展最终靠自己，政府只作为若干外因之一发挥作用，不能说不重要，但并非决定性的。同时，我们要在发展本地经济的共同利益基础之上取得政府支持，不能用行贿等非法手段把官员"拿下"。晋商打通政府关节的许多手段在今天是不适用的。

山西的经济需要新晋商，也一定能出现新晋商。我们研究晋商的意义在于为新晋商的形成提供一点思路。

贾府的经济转型

文学家看《红楼梦》,把贾府视作一个封建大家庭,或称赞其爱情永恒,或揭示其阶级斗争,或指责其钩心斗角,或指出其兴亡之道。从经济学的角度看,贾府是一个经济单位,爱情也好,斗争也好,都是以经济为基础的。贾府的繁华是以计划经济体制为基础的,贾府的衰落是经济转型失败的结果。一部《红楼梦》也折射出了今天所说的转型经济学的许多道理。

贾府兴衰与计划经济

德国弗莱堡学派的创立者瓦尔特·欧肯把人类有史以来的经济分为两种理念类型:集中领导的经济和交换经济。市场经济以前的一切经济形态，无论是古埃及经济、中国封建经济，还是现代计划经济，在本质上都是集中领导的经济，即我们现在所说的计划经济。正是在这种意义上，我把贾府看作计划经济。

这种计划经济的特点在于：由一个最高领导集中做出决策；内部实行严格的等级制，通过命令方式来协调各种经济活动；缺乏把贡献与收入联系起来的激励机制，各成员按地位领取报酬。贾府的经济活动正具备了这三个特点。在贾府中，贾母是最高统治者，王熙凤是实际掌权者，经济决策出于王熙凤之手。贾府内无论是主子还是奴才，都有不同的等级地位，王熙凤的决策通过管家到最低层次的奴才贯彻下去。王熙凤的话就是"理解要执行，不理解也要执行"的命令。贾府中的人按身份地位，享受不同待遇，拿不同的"月份"，干与不干一个样，干多干少一个样。贾府的经济正是以这种计划的方式在运行。

计划经济下的一个优势是可以集中力量做大事。所以，计划经济下仍然出现过奇迹。埃及的金字塔、中国的万里长城、苏联发达的空间与军事技术，无一不是计划经济的辉煌成果。同样，贾府中极为辉煌的两件事——秦可卿的葬礼和元妃省亲——也是集中一切力量做好的大事。

计划经济下可以做好这些大事来自上面的权威和等级制下的绝对服从。在秦可卿的葬礼中，王熙凤接受了全权委托，有了来自上方的最高权威的支持。她可以任意支出钱财，对下面的命令是"如今可要依着我行，错我一点儿，管不得谁是有脸的，谁是没脸的，一例清白处治"。她以最高权威根除了宁国府的五大弊病，制定规则、按岗定编、强化监管、令出必行、惩罚严厉。在这种命令体制之下，不需要什么激励，秦可卿的葬礼就风光得很。没有这种计划体制，王熙凤当然不会成功。

计划经济的成功是人治的结果。人治的成功，取决于两点：治理者的权威和超凡能力。王熙凤作为贾母最宠爱的代理者和接班人，作为贾母的代表治理贾府，这是她权威的来源。但也应该承认，王熙凤这个"凤辣子"的确也是一个能人。她敏锐地看出宁国府的五大弊病："人口混杂，遗失东西"；"事无专管，临期推诿"；"需用过费，滥支冒领"；"任无大小，苦乐不均"；"家人豪纵，有脸者不能服钤束，无脸者不能上进"。她针对这五大弊病采用了有效的措施。宁国府缺乏这样一个权威的能人，所以混乱得很，一旦引进了王熙凤这个人，一切就全改变了。所有计划经济的辉煌全是这样一个权威能人的结果，无论是埃及的法老、中国的秦始皇，还是苏联的斯大林。

一旦这种权威不存在，计划经济就难以为继了。《红楼梦》中贾母的最高权威是历史形成的。贾母的丈夫是贾府的奠基者，丈夫去世，权威自然就归了夫人。王熙凤的权威完全出于贾母的信任和授权。换言之，贾母是太阳，王熙凤是月亮。一旦太阳不存在，月亮就无光，贾母去世，则王熙凤的权威马上消失。当然，如果贾母在世时，王熙凤能利用自己的地位，培植自己的亲信，树立自己的权威，王熙凤还是可以在贾母这个太阳下山后自己当太阳的。可惜王熙凤不懂这一点，做事自私、做人尖刻，得罪人太多，并没有形成自己的权威。当贾府这样的计划经济中没有权威时，状况就坏了。所以，贾母的葬礼办得极糟。王熙凤低声下气地求众人："大娘婶子们可怜我吧！我上头挨了好些说，为的是你们不齐截，叫人笑话。明儿你们豁出些辛苦来罢！"在这种体制中，权威失去，又没有激励机制，求人就不是命令，无人服从。仍然是同一个王熙凤，没有了权威，再求人也玩不转，最后吐了血，还无济于事。

计划经济不仅需要一个权威，而且还需要一个绝对精明强干的权威。这种精明强干包括能力与品质。王熙凤的能力是够强的，但品质并不好。她肆无忌惮地以权谋私、行贿受贿、盘剥众人。这为以后贾府这个计划经济的失败种下了祸根。从体制上说，计划经济下这种人物的出现也是必然的。绝对的权力必然产生绝对的腐败。这就是说，人的本性是自私的，当权力失去制约时，当权者可以为所欲为。也许计划经济下会出现个把清廉者，但并没有必然性，而即使本质并不坏的人也会变为腐败者才是必然。王熙凤之坏也是制度造成的。

计划经济下集中力量所做的大事，从经济学的角度看不一定是有利于社会福利和经济发展的好事。正是在这种体制下，没有成本与收益计算而造成的有计划的浪费。贾府集中一切力量办秦可卿的葬礼和元妃省亲，都不考虑成本，只求一时辉煌。结果事情是办得风光了，但资源浪费了。贾府毕竟也面临资源稀缺，当有限的资源用于风光时，它的衰落也就是迟早的事。

贾府与一切计划经济一样，不可能有永远的辉煌，衰落是迟早的事。计划经济的结局不是灭亡，就是转型。探春的改革就是企图走转型之路。探春的改革有其成功之处，但她的失败同样教训深刻。这是《红楼梦》更有意义的启示。

探春以激励机制为中心的改革

计划经济下缺乏活力，没有效率的基本原因之一是没有一种把贡献与利益联系起来的有效激励机制。它主要依靠政治强制、煽情式宣传或传统伦理道德来要求人们为之做出奉献。古埃及是政治强制，中国封建社会除了强制之外还有"君子言义不言利"那套虚伪的道德观，苏联的计划经济下又加上了对未来共产主义的煽情性宣传。《红楼梦》中则是中国传统道德加强制。

这些激励方法从本质上说都是违背人性的。人的本性是利己的，无论是强权，还是道德说教或宣传，都无法改变这种人性。所以，大观园中的各色人等，不得不去干活，但能偷懒就偷懒，能耍滑就耍滑，并没有什么工作积极性可言。尽管也有焦大这样勇于奉献者，但却是一个傻得让人任意耍笑的对象。市场经济的效率离不开激励机制，它承认人利己的本性，不是要人们去改变本性，而是利用这种本性，通过一套制度把每个人的利己引导到有利于整个社会的方向上。从这种意义上说，市场经济是一种符合人性的制度。

探春当然没有认识到休谟和斯密传授的人性之道与利己之心的重要性，也没有读过《蜜蜂的寓言》这些劳什子书。但她是认识到个人利益的重要性的，知道改革的中心是把个人贡献与利益联系起来的激励机制。探春的改革旗号是"登利禄之场，处运筹之界者，窃尧舜之词，背孔孟之道"。《红楼梦》专家都把宝玉作为孔孟之道的背叛者。其实宝玉所追求的无非是自由谈谈恋爱，不去追求利禄功名，要求个性解放而已。宝玉无非是当时的"新新人类"或"波波族"，关心的是自己那点私事。探春则是一位改革者，她打破传统孔孟之道的义利观，将利置于首位。这才是真正对孔孟之道的背叛。孔孟之道的虚伪之处就在于言义不言利。

探春以利为突破口的改革是通过承包制来实现的，即把池塘、园子承包给别人。她认为承包制的好处在于："一则园子有专定之人修理花木，自然一年好似一年了，也不用临时忙乱；二则也不至作践，白辜负了东西；三则老妈妈们也可借此小补，不枉成年在园中辛苦；四则也可省了这些花儿匠、山子匠并打扫人等的工费，将此有余以补不足，未为不可。"这种改革的效果还是显著的。生产者有了积极性："因近日将园中分与众婆子料理，各司各业，皆在忙时。也有修竹的，也有护树的，也有栽花的，也有种豆的，池中间又有驾娘们行船夹泥的，种藕的。"同时，生产者的责任心也加强了。丫鬟春燕说："这一带地方上的东西，都是我姑妈管着，他一得了这地，每日起早睡晚，自己辛苦还不算，每日逼着我们来照看，生怕有人糟蹋……老姑嫂两个照看得谨谨慎慎，一根草也不许人乱动。"李纨把这种承包制改革的成功总结为"使之以权，动之以利，再无不尽职的了"。

值得注意的是，探春以利为突破的激励机制改革已成为计划经济转型的一个共同规律。苏联的赫鲁晓夫和当时的经济学家利别尔曼想必没读过《红楼梦》，也不会知道探春这个小女子。但他们对苏联经济的改革却与探春如出一辙。利别尔曼提倡把利润作为衡量企业业绩的唯一指标，并给企业和劳动者以物质激励，这成为20世纪60年代苏联计划经济改革的先声。许多国家的计划经济改革都是从"放权让利"的承包制开始的。

为什么计划经济的改革总是从利字当先的承包制开始？应该说这是不改变原有经济体制情况下一个最有效，也是最容易的突破口。任何一种经济体制的改变总是渐进式的，英国经济学家马歇尔所说的"社会无突变"尤其适用于改革。渐进式改革尽管所需时间长，但付出的社会代价较低，也容易为社会所接受。渐进式改革就是在不改变原有经济体制基本框架的前提下，一点一点地变。承包制并不改变原有的所有制结构，不改变政治体制，也不侵犯原有既得利益集团的利益，实行起来阻力要小得多。探春的这种改革就没有在贾府掀起轩然大波，当权者们也未加激烈反对。如果在计划经济下一开始就从产权这些问题开始，实行私有化，恐怕阻力就会大得多，甚至会刚开始就失败。

而且，承包制也容易在短期内见效。因为承包制触及利益问题，改变了那种大锅饭式的分配格局，这对生产者是最有效的刺激。或者说，承包制是在不改变产权结构的情况下对生产者个人利益的承认。在这种承包制下，个人努力的成果得到保证，它隐含了对利己的承认。我想经历过改革风雨的一代人都不会忘记承包制所起的伟大历史作用。

但是，读过《红楼梦》的人都知道，探春的改革从根本上并没有成功，所以，贾府仍没有避免灭亡的命运。我总觉得探春这个人身上寄托了曹雪芹的希望，是他有心回天的一种努力。但为什么还是"无力回天"——探春的改革没有最终成功呢？其实20世纪60年代苏联的探春——赫鲁晓夫所进行的改革最终也以失败告终，代之而起的是苏联长达20余年的勃列日涅夫停滞，最终这个体制崩溃。贾府与苏联都从承包制开始经济转型，但最终又都失败。其中又有多少奥秘值得我们探索！

探春改革失败的根源

探春式渐进改革成功的一个重要条件是得到当权者的支持。在原有体制所进行的任何改革，其特征都是自上而下的，是由当权者提倡或推动，或得到当权者强有力支持的。换言之，这种改革的成功需要原有政治上权威的保证。探春是一个庶出的女儿身，在那样的体制中地位并不高。她远远没有当初王熙凤那样的政治地位。探春改革之时，贾母仍在，其代理人王熙凤尽管已经权力式微，但仍作为贾母的代表掌权。探春不具有这种地位，也没有那种权威。她的改革不是最高统治者提倡并亲自推动的，其效果自然会大打折扣。可以设想，如果王熙凤在其权力最大时，推动这种改革，那就会是另一种情景。

由根深蒂固的计划经济转向市场经济与并非强势的计划经济环境下的市场经济的形成过程是完全不同的。在后一种情况下，市场经济是自发形成的，它靠自身经济实力的强大而一步步突破旧体制，最后取而代之。就市场经济的发源地而言，并不存在强大的中央集权政府。市场经济在并不强大的封建体制下自发形成并壮大，最后冲破了这种体制。但在强大的中央集权封建经济之下，市场经济是难以发展起来的，中国封建时代曾有相当发达的商品经济，却没有成为市场经济就是一个例子。高度集权的计划经济总有相当集权的政治体系，这种体制的转型是自上而下的，要由当权者来推动。没有当权者推动，这种体制仍可以靠暴力维护下去——现在世界上不仍然有这种民不聊生，但仍坚持存在的计划经济吗？因此，从计划经济转向市场经济在于当权者的意愿。这里说的当权者不一定是一个人，也许是一个集团。赫鲁晓夫尽管是第一书记，但仍受到利益集团的反对而以失败告终。经济转型要从当权者的推动与倡导开始。探春的改革由一个没有政治权威的人开始，其结果是可想而知的。

承包制是任何一个经济实现转型的开始，但也仅仅是开始而已。如果没有以后更艰难的许多改革，转型必定不能成功。激励机制仅仅是计划经济和市场经济的区别之一，但还不是最重要的区别。在激励机制背后是产权结构、意识形态和政治制度等更深层的差异。承包制仅仅是序幕，是打开旧体制缺口的一种手段。如果没有以后更深层次产权结构、意识形态和政治制度的变革，那个被承包制打开的缺口又会合上，最终仍然是旧体制的复辟。所以，经济体制转型之难不在于序曲，而在于以后的戏怎么唱下去。而且，承包制引起的反抗并不大，一旦全面进行改革，会触及原有的既得利益集团，其反抗力量之强，不难想象。正是从这种意义上说，改革是一场革命，是权力与利益格局的重大变更。

探春的承包制改革并没有涉及这些深层次的问题。探春是在维护贾府原有体制的情况下进行改革的。产权仍然是贾府主子们共有的公有制（在封建大家庭中，所有制对外是一个家族所有的私有制，对内是家庭成员共有的公有制），每个人的产权并不明确。谁的政治地位高，谁就有权支配这些资产。过去计划体制下是王熙凤说了算的，现在改革时，作为所有者之一的探春又行使着使用权。但探春并不是唯一所有者，这就决定了别人也可以使用这种权力反对她。当然我们不能要求曹雪芹借探春改革分析产权问题，但以今天的眼光看，产权改革是整个经济转型成功的中心。

探春强调了利的重要性是对传统观念的突破，但她并没有打破，也没想打破传统观念中"君君臣臣，父父子子"的秩序，甚至还没有宝玉个性解放的意识。由此而形成的贾府政治体制尽管风雨飘摇，却也仍在维持。在一切照旧，而且也不想改变的情况下，包括承包制这样的改革当然必定失败。旧体制的突破是渐进的，但如果不从根本上改变旧体制，渐进式改革肯定无法成功。

也许我们这样评论探春改革的得失有点太现代化了。不过，如果不进行这种分析，就难以从中汲取教训。20世纪60年代时，赫鲁晓夫在苏联也进行了类似探春的改革，但苏联原有意识形态和政治体制不变，改革受到旧势力的顽强抵抗，终于失败了。1964年，赫鲁晓夫下台使刚刚拉开的改革序幕又拉上了。接着由勃列日涅夫演出了一场复辟的闹剧，赫鲁晓夫也终于成为一个悲剧人物。平心而论，我总认为无论赫鲁晓夫犯了多少错误，他至少是一个想改变旧体制的人物。他的悲剧在于想在维护旧体制的情况下进行改革。探春与赫鲁晓夫自有天壤之别，但他们改革的初衷、路径与结果又是何其相似！这不值得我们深思吗？

当然就探春承包制的改革而言，本身也有缺点。薛宝钗就批评探春的改革只考虑到承包者的利益，而没有考虑承包者手下那些普通人的利益。宝钗对承包者说："你们只顾了自己宽裕，不分与他们些，他们虽不敢明怨，心里却都不服，只用假公济私的，多摘你们几个果子，多掐几枝花儿，你们有冤还没处诉呢。他们也沾带些利息，你们有照顾不到的，他们就替你们照顾了。"在《红楼梦》中，我还是喜欢宝钗这个人的。黛玉那点小心眼还真让人受不了。宝钗的这段话说明了，改革要照顾到各方面的利益，仅仅是承包者得利益，其他人状况得不到改善，改革也难以得到绝大多数人的支持。任何一个社会都有一个利益协调问题，贾府亦不例外。可以说改革是能让多数人获益的帕累托改善。宝钗真是一个有心计的人。这种心计不是小心眼，是看问题更全面和深刻。应该说，探春的改革也有些许效果，这与宝钗以旁观者清的身份指点迷津分不开。苏联赫鲁晓夫的改革并没有给广大群众带来更大好处，这也是他失败并受指责的一个原因。还应该指出，以后苏联的改革更多强调了精英们的利益，以至于形成巨富的寡头，有权贵资本主义的倾向。这些都是忽视了宝钗的利益均沾原则。改革真需要宝钗这样的旁观者。

曹雪芹当年写《红楼梦》只是要写下自己刻骨铭心的经历和感受，也许他并没有更多的意思。但一部作品的伟大与不朽就在于能给人许多启发或思考。不同的人从不同的角度评论《红楼梦》，或称之为呼吁个性解放，或称之为反封建，或称之为揭示阶级斗争，或称之为反映文学永恒的主题——生、死与爱。无论如何评论，都不是曹雪芹的原意。我想换个角度来读这部经典，这里也算对《红楼梦》的一家之言。评论得是否有理，不能由专家评定，也无法请教曹雪芹先生，只能看读者有没有从中受到启发。

这也是我敢以外行身份妄评《红楼梦》的原因。

谈武林话经济

十多年前，我乘飞机去西安讲学。上飞机后我就埋头读《书剑恩仇录》。读到陈家洛等好汉与坏人张召重打得刀剑齐飞、鲜血横流时，突然觉得腿上湿了——莫非我也中剑了？这时听到空姐一声"对不起"——原来她把茶水洒在我腿上了。邻座的一位老先生给我拿出了纸巾，还批评了那位空姐。于是我们就攀谈起来了。他得知我是大学经济学教员时，惊讶地问："你还看这种书？"我说："华罗庚先生把武侠定义为'成年人的童话'，许多大学者都是武侠迷呢！"他又问我："武侠对经济学有什么启发呢？"这个问题此前我还没想过。但经济学是研究人的行为的学问，武侠所描述的正是人类行为之一。武侠这个世界中反映出的人类行为规律，应该可以用经济学来解释。受这位老先生的启发，此后我在读武侠时总在思考武侠中的经济学含义。

什么是理性人的最大化行为

　　武林好汉们也是人，无论他们有多高超的武功或高尚的人品，他们行为的目标也都在自觉或不自觉地追求个人利益最大化。以最大化为目标是包括武林好汉在内的所有人——抽象意义上的人——的本性。

　　一说到最大化，人们马上联想到物质利益或货币收入最大化。这是对经济学的误解。其实最大化既包括货币内容也包括非货币内容。经济学家经常以货币内容为分析对象，例如收入最大化、利润最大化，等等，无非是因为货币内容可以量化，可以用数学工具分析，并非它是最大化唯一的内容。在现实中往往非货币内容比货币内容还重要。人所追求的最大化其实是幸福最大化。没钱绝对不幸福，但有钱也不一定幸福。有人估计，总体而言，金钱对人幸福的贡献为20%左右。可见在最大化中非货币内容还是相当重要的。

　　武侠小说中尽管也反映了人贪财的一面（如金庸的《连城诀》），但更多的还是其他追求。武林高手们或者家财万贯，或者起码是过着中产的日子。幸福中20%的货币内容对他们来说已不成问题，所以追求的是另外80%的非货币内容。在经济学中，实现了最大化的行为称为理性行为。当这种最大化限于货币内容时可以用数学分析得出明确的结论。经济教科书教的主要是这些内容。但在涉及非货币内容时,事情就不那么简单了。在读武侠小说时,我想得更多的是从非货币内容的角度看,什么才是理性人应该追求的最大化行为。

萨缪尔森给出的幸福方程式是:幸福=效用/欲望。效用是人的主观感觉,取决于偏好,每个人的偏好不同,即追求的目标函数不同,同时为了得到一定的效用还要付出成本。因此,我想从目标函数、成本—收益分析和欲望三个方面来分析各位武林高手的最大化行为是不是理性的。这里我集中分析两个人——古龙《楚留香传奇》中的楚留香和金庸《笑傲江湖》中的岳不群。

楚留香和岳不群是两个完全不同类型的人,他们都在追求最大化,谁的最大化更加理性呢?我们用构成幸福的要素来分析他们的最大化行为。

从目标函数来看,楚留香的目标函数是多元化的。作为一名大侠,他有劫富济贫(偷了富家的东西给穷人)、为朋友两肋插刀、主持武林正义等目标。这些给他带来侠义的好名声,在江湖上受到尊重,这当然是一种极大的满足(精神满足)。同时他也重视物质享受,住在精巧的三桅船上,有美女李红袖、宋甜儿、苏蓉蓉相伴,美酒佳肴,享尽物质满足。他生活得舒适高雅,又未失去武侠的豪气。相比之下,岳不群追求一元化目标——当武林盟主,成为第一高手,其他能使人幸福的因素,亲情、正义、美色、物质享受,都不在他的目标函数之中。仅从目标函数来看,楚留香当然比岳不群理性。根据效用理论,当从既定目标出发去追求效用的实现时,追求多元化目标,各种效用不会递减,总效用最大化；而追求一元化目标，一种效用在递减，最大化的总效用当然要低。

再从成本—收益来看。世界上没有免费午餐，追求什么目标都有成本与收益的比较问题。楚留香追求从多元化目标中得到效用时，当然有成本，比如去为武林主持正义、为朋友帮忙，就要放弃船上的温柔世界和享受（机会成本），要有金钱与精力支出（直接成本），还有种种意想不到的危险（风险）。但与他获得的尊重和自我理想实现的效用相比，还是收益大于成本。特别是他武功超人，机智灵活，总能化险为夷，最终毫发未伤。岳不群则不同了，为了当武林盟主而不惜一切代价。这代价有：众叛亲离，爱徒令狐冲、爱妻和爱女都离他而去（机会成本）；为练神功"挥刀自宫"，成了不男不女的东西（直接成本）；玩尽诡计和阴谋，不仅劳神费力，还失去武林人士的尊重，被称为"伪君子剑"（据说越南国会开会时，往往把伪君子称为岳不群），这种名声的损失也是成本；至于追求武林盟主过程中的种种所作所为，都成本颇高。但到手的武林盟主却由于各派争杀而无人真正当回事。说成本远远大于收益也不为过。

由这两点来看，楚留香的效用远远大于岳不群。那么欲望呢？楚留香尽管是名噪一时的大侠，但看不出有什么武林称雄的野心。他所做的一切事都是出于正义感或朋友义气。他没有什么宏伟的志向，只想把眼前的每一件事做好。岳不群却是野心大得很，有一种永不满足的欲望——且别说武林盟主已是极大的欲望，而且，像岳不群这样的人，即使当了武林盟主也不会满足，恐怕下一步要一统江湖正邪两派。野心家的欲望是无穷的。

楚留香的效用大于岳不群，而欲望又小于岳不群，当然应该是楚留香的幸福大于岳不群（在我看来岳不群的幸福是负的）。他们都在追求最大化，但显然楚留香是理性的，岳不群是非理性的。所以，读过这两本书的人都对楚留香仰慕不已，而对岳不群极其鄙视。

武侠小世界，人生大社会。武侠小说反映了人生。其实在现实中也有不少人类似岳不群：人生目标一元化（为钱或为名），为实现效用付出的代价太大（为钱而忘家，为名而失去人格），野心太大（总想成为巨富和名人）。这种人也像岳不群一样是不会幸福的。经济学让我们更理性地追求最大化，这也是武侠小说的意义。

武林中的产品差异化竞争

大大小小或强或弱的门派，各怀绝技形形色色的高手，组成了武林这个特殊世界。各个武侠门派和高手在激烈的竞争中生存和发展，颇像无数大大小小的企业和个人在市场上竞争。所以，可以用经济学中的市场竞争理论来解释武林中的争斗，也可以通过武侠小说中对武林各派争斗的描述来加深对竞争理论的理解与运用。

武林不是一个垄断市场，如果只有一个武林派别一统江湖，也就没有武林了。没有武侠各派的争夺，纵然金庸、古龙有再高的天赋也写不出这么吸引人的武侠小说。武林甚至也不是一个寡头市场。尽管武林中不同时期都有一些显赫的大门派，如许多书中都有的武当、少林，或者正邪两派，也有东邪、西毒、南帝、北丐、中通神，或张无忌、杨过这样的超级大侠，但他们都称不上寡头，难以像通用、福特、克莱斯勒这样的寡头控制美国汽车市场，或像波音和空客那样的寡头控制世界大型民用客机市场。说到底，我把武侠定义为垄断竞争市场。

垄断竞争市场中企业成功的关键是产品差异化竞争，即创造出有自己特色的产品。这就是说，在这种市场上有产品差别才有垄断，有垄断才有成功。所以，垄断竞争市场上企业成功的关键是靠产品特色建立自己的垄断地位。如果把这些话讲给武林各派掌门人听，他们自然会不屑一顾。但实际上他们正是这样做的。武林争斗的目的是建立本派在武林中的至高地位——垄断地位（尽管也打着什么主持正义之类的旗号），这种地位是在比武（武林竞争的主要形式）中形成的。他们达到这一目的的手段则是本门独特的武功——自己不同于他人的产品特色。其实不仅取胜必须如此，即使只为了在强手如林的武林中生存下来，也要靠自己本门的特色。

在金庸的笔下，各门派的绝活精彩纷呈。具有悠久历史的武当、少林自不必说。丐帮的"降龙十八掌"和打狗棒使一帮叫花子也能驰骋天下，甚至蓝凤凰这样来自边疆的小女子也能以防不胜防的施毒术令天下武林人士胆寒。如果仔细研究一下各门派的武功，那你会惊叹小小武功有多少创新，又有多少差异。古龙似乎更注重情节的曲折性，武功不像金庸笔下那么多变。他笔下的英雄，无论小李飞刀李寻欢还是西门吹雪，都以出手快见长：对手什么也没看见，已经人头落地，刀又回到了手中。快也是一种特色。在这个竞争的武林中，武功没什么太大特色者，如沧州的小门派，就无以生存，遇强敌则溃败了。读武侠时人们往往会被各种武功所吸引，听王语嫣（《天龙八部》中人）讲各派武功，你不能不对这小女子有几分敬意。在敬佩之余，你要想到这就是产品差别的创新。

与市场中的产品一样，已有特色的武功也要不断创新。洪七公、杨过诸位大侠都是在原有武功基础上创新出了有特色的天下无敌之功夫，才得以成为一代宗师的。产品特色的关键在于创新，一旦扼杀了创新，一个门派也就完了。《笑傲江湖》中的华山派并不是失败在岳不群的个人品质上，而是失败在剑宗与气宗两派的争斗，以至于剑宗派从肉体上消灭气宗派上。华山派死守剑宗的精神，岂有不亡之理？相反，令狐冲正是在学剑宗的基础上又向气宗派唯一幸存下来的传人风清扬学了气宗（并向任我行学了内功），才成为华山派的真正一代宗师。但武林又近乎一个独裁的领域，各派掌门人是绝对权威，弟子若有创新之想法，就被认为是本门的叛徒，必死无疑。正是这种政治上的独裁抑制了创新。所以，历史悠久的门派往往是徒有其名，在武林中风光的往往是传统较少的新门派，或者杨过、令狐冲这类离经叛道的人。创新是企业的生命，也是武林的生命。

创造出武功特色不容易，偷来当然容易，因此，寻找武功和秘籍就成为金庸小说中的一大中心。那些成为大侠者也是由于偶然的机遇得到了某一种秘籍，并照此修炼。什么是秘籍呢？就是练一门功夫的诀窍。用企业的话来说，就是某种特色产品的核心技术。可口可乐的配方、同仁堂某些药和云南白药的配方，都是和武功秘籍一样的宝贝。企业有这种配方才能生产出与众不同的特色产品，垄断一块市场。武林各门派有这种武功秘籍才能有自己威震天下的武功。武功和配方一样秘不示人，所以，才有人挖空心思去偷。《葵花宝典》之类的秘籍对武林好汉们的吸引力之大，令人惊叹。吾等非武林人士，难以体会。为了得到这种秘籍，众好汉不惜付出生命。这说明武功的好坏在于其是否有特色。企业在市场上的竞争不也如此吗？形式不同，道理是共同的。

当然，有了秘籍也不一定能练成神功，有的人练不好还会走火入魔。练成神功不仅要有秘籍指点，还要有基础。在武侠小说中，这种基础就是内功。什么是内功，大概金庸也不大明白，内功可以输出、输入，更令人莫名其妙。但内功是重要的。你看，杨过与小龙女在古墓中苦练了内功，所以，杨过的剑术从最早靠好剑，发展到把树枝当作剑，最后进入剑术的最高层次——无剑胜有剑。书中的各路高手，没有一个不是身怀深厚之内功。可见武功诀窍或有特色武功的基础在于内功。企业创造产品特色同样也需要内功。不过这种内功就不是金庸笔下神神秘秘的东西，而是企业产权明晰和公司治理结构了。许多企业创造不出产品特色，关键还在于缺乏内功。产权不明晰，责权利不分，缺乏激励机制和管理方法，不会有特色产品。正如没有内功，练不成神功一样。

企业与武林中各门派，商场上的竞争与武林中的争斗，它们本质上是一样的。如果以这种眼光去读武侠，那些令人眼花缭乱的武功对你会有启发。合上书想想那些绝世武功背后的故事，你会有更多感触。这样读武侠，你的兴趣会更浓，读着也更有味，借用其中的三招两式，也许有助于你的成功呢！

武林中的博弈

人类社会中个人与团体之间是相互依赖的，一个人的决策能否成功取决于其他人对这种决策的反应。这种客观存在的事实使人们必然在决策中有意无意地运用博弈论的方法。中国古代的田忌赛马是博弈论中一个经典的例子；囚徒的两难困境也是自从有囚徒以来就出现的问题。现在的博弈论无非是对这种思维方式的总结与发展而已。尽管有了数学外衣，其思想亦可以用事例来说明。武林是一个钩心斗角的世界，这里博弈论更是大有用武之地了。

人们经常用博弈论来分析人类社会的竞争与合作问题。根据纳什均衡，在参与者各方都从自己的个体利益最大化出发，而且在信息不完全，即无法确定对方的策略时，即使是有利于各方的合作，最后也难以达成。这种博弈过程中有两个值得关注的问题，一是什么条件下可能实现暂时的合作，二是长期中不能合作的原因是什么。武林与人类社会一样也充满了竞争与合作。而且，合作是暂时的，竞争是永存的。所以用博弈论来分析各门派之间的争斗与勾结，也开辟了一条读武侠、评武侠的新思路。

《笑傲江湖》为合作与竞争的博弈分析提供了一个典型案例，这就是嵩山派掌门人左冷禅策划并实施的五岳联合的经历及最后失败的结局。这也是《笑傲江湖》一书中的一条主线。

按理说，五岳同气，如果能联合起来，则可以形成武林第一大派，不仅可以与武当、少林这些历史悠久又有绝活的派别分庭抗礼，而且可以对付他们这些正派人士心中的邪教——日月神教。从根本上说，这种合作对五岳各派，尤其是恒山派这样的小派别是有利的，但为什么这种合作在一开始就遭到抵制呢？这首先在于五岳各派尽管都希望抵制势力日益强大的日月神教，但其实都各怀鬼胎。嵩山派左冷禅是一个野心家（越南国会中争论时就称野心家为左冷禅）。他发动联合的动机口头上是联合起来对抗邪教云云，其实是想把五岳合为一派，自己当盟主。这一点各派心里都有数，各派掌门并不想放弃自己的独立，不愿让多年的基业（尽管已经衰落）断送在自己手里，因此，并不积极合并。合作的困难正在于合作各方都有自己的目标，各自的目标并不一致，而且，各自把自己的目标看得比共同的目标更重要。正如在囚犯两难处境中，各自都想刑期最短，而不是共同的刑期最短一样。

合作者目标不一致是企业或国家间合作难以长期实现的根本原因。对每一个个体而言，都是自己的利益大于整体利益。在人类行为中，英国前首相丘吉尔的一句名言——"只有永恒的利益，没有永恒的敌人或朋友"，是绝对真理。

我们说合作是困难的，并不是说不会有合作。相反，在现实中利益不一致的各方也会形成合作，尽管这种合作往往是暂时的。能形成各种短期合作，首先是在这个短期内共同利益更为重要。"二战"中美英苏的合作大概就是这种情况。美英能与它们一向敌视的苏联合作就在于战胜德国法西斯的侵略比社会制度之争更重要。当然，一旦这种共同利益过去后，合作就必定走向破裂。"二战"一结束，这三国又处于对立之中了。左冷禅所推动的合作之所以有过短暂成果，而且五岳各派开始时对合作尚有一点接受，就在于邪教势力日益强大给它们的生存带来威胁。以一派之力不足以与邪教教主任我行、东方不败抗衡，合五岳之力还可以做点对抗。所以，以后当令狐冲戏剧性地与任盈盈结婚，邪教不再与正教对抗之后，这种合作的基础实际已经不存在了。

　　五岳能暂时联合起来的另一个主要原因则是与各自的博弈策略相关。我们知道，合作的另一个条件是有效的惩罚。当主张合作的一方力量强大，足以保证可信的威胁，并在必要时实施惩罚，合作也有可能。在五岳联合中，嵩山派左冷禅是主要推动者。其他几个门派实力远不如嵩山派，因此，当左冷禅提出合并大旗并自任盟主时几乎无人敢公开反对。我们都记得，左冷禅派人杀了不与他合作要金盆洗手的衡山派刘正风。这正是博弈论中讲的"可信的威胁"这种策略的运用：告诉五岳中其他人，敢有不听我合并号令者，刘正风的下场！这的确起了相当大的作用，杀了鸡，猴果然就害怕了。

　　五岳中的其他门派，除了华山派岳不群有野心，想取左冷禅而代之外，其他三派则是实力不足，不得不采用跟随战略。智猪博弈告诉我们，当大猪与小猪实力不等时，小猪的最优战略是跟随，即由大猪采取主动行为，获得大利益；小猪顺从，得点小利益。合作往往是由利益大的大猪推动的。显然，在五岳之中，嵩山派是"大猪"，其他几家，尤其恒山派、衡山派和泰山派都是"小猪"。不跟左冷禅有灭门之灾，跟了他（即采用顺从策略）也许可自保。如果你仔细看书中对恒山派掌门定逸师太的心理与行为描写，更可以体会到一个"小猪"无可奈何的悲哀。合作往往就是在这种强者推动、弱者顺从之下短期形成的。

  这种合作的基础并不是共同利益，合作是非自愿的，当然不会长久和稳固。所以，左冷禅的五岳联合最后以失败告终，结果每个门派都蒙受极大损失。读小说时常为此感到悲哀，好好的五岳就这样毁了。但现实生活中，每天不都在发生这样的悲剧吗？有时政府某个部门领导的企业不得不顺从，组建大的企业集团或规模更大的大学。结果呢？博弈论的结论总是不错的——各方都蒙受损失，始作俑者也没什么好下场。非合作博弈得出对各方最坏的结果。

经济繁荣的背后

在中国古代名画中，我最喜欢《清明上河图》。这不仅仅是因为它的艺术价值，还在于它所反映的宋代经济状况。

宋朝是中国历史上存在时间仅短于汉朝，而疆域又最小的一个朝代。但宋朝是中国历史上经济文化最发达的一个朝代，甚至超过了以前的汉、唐和以后的明、清。据说，国外一位用计量史学方法研究中国经济史的学者估算，按购买力而言，宋代的人均GDP达到520美元，是中国封建社会各个朝代中最高的。当然，这个数字你只能姑妄听之，我没有找到原始出处，不知计算方法与结论是否可信。不过宋代经济之繁荣是大多数学者的共识。

衡量各个朝代经济的繁荣程度有一个重要的指标，这就是商品经济的发达程度。在中国经济史上，宋朝是一个划时代的朝代。如果说此前中国只有互通有无，以生活必需品（如盐）为交易物品的地域性商品流通，那么，在宋代就真正出现了商品经济。其标志是交易物品由生活必需品转向奢侈品，出现了为交易而进行生产的农业和手工业，全国范围内长途贩运与商品交易的形成，产生了大的商业中心城市。《清明上河图》正是宋代商业发达的写真。这幅画以纪实的手法再现了当年首都汴京（今开封）繁荣发达的商业活动。据记载，当年汴京有百万人口，其人口与繁荣程度，恐怕今天的开封仍未达到。汴京的商业发达不是孤立的，它是整个大宋王朝商业繁荣的结果。许多学者正是从这幅画来推测当年宋代的繁华的。

对于宋代的繁荣，学者们有详细的研究，我想探讨的是《清明上河图》没有表现出来的东西，即这繁华背后的原因及潜在的危机。

想发财是人的本能冲动，如果没有外部约束，随着生产的发展，商品经济的发达就是必然结果。人会自发地生产商品，许多人出于本能的追求财富的行为就促成了社会商业的发展。在封建社会中，抑制商业经济发展的不是缺乏商机或者商人，而是政治制度的压制。阻碍中国商品经济发展，进而使资本主义萌芽没有长成参天大树的，是自秦朝以来形成的大一统中央集权的专制制度。在封建历史中，出现的几次商品经济高潮正在于统治者对商业抑制的放松，或某些鼓励政策。宋代的繁荣与危机都要从这种政治制度中去寻找。

一个王朝政治制度的特征是其开国皇帝决定的。宋代开国皇帝宋太祖赵匡胤所创立的政治体制有自己的特色。在宋代之前中国的封建体制是"皇帝授权下的宰相管理体系"。皇帝像董事长一样在重大问题上有最终决定权，但具体工作都交给宰相处理。宰相的权力与地位都相当高，当皇帝平庸时，宰相成了实际统治者，也成为皇权的威胁。宋太祖为了加强皇权而设计出了皇帝统治下的三权分立制。他把过去由宰相统筹负责的行政、军政、财政三大权力分开，形成互不统属、相互平等，由皇帝控制的三个独立部门：管理政事的中书省、管理军事的枢密院以及管理财政的三司。各部门掌权者直接对皇帝负责。他还设计了两个职权、级别、地位、任务完全一样的监察舆论机构：御史台和谏院。这两个机构也直接对皇帝负责。

在干部的任用制度上，宋太祖又实行了独特的官、职、差遣三相分立的制度。"官"只是用来确定品秩（即官位）高低、俸禄多少的，与权力和责任不一定相关。"职"是一种荣誉，是在官上加一个称号，如大学士之类。"差遣"才是官员所担任的实际职务，代表着真正的权力与责任。

这种政治体制的目的是让各级、各类、各地的官员找不到北，不知自己该干什么。在官员的迷茫之中实现了一切权力归皇帝。在这种权力结构中，皇帝不可能事无巨细都管，官员们权、责、利不明确，又慑于皇帝的权威不敢多管事。这样，政府的干预就大大减少了。无论宋太祖的本意是什么，这种对经济生活的干预减少有利于商业的发达。不干预是历史上商品经济发展的最重要条件。皇帝越勤政，官员越负责，经济就越落后。宋代的制度造成皇帝负不起责，官员不敢负责，商人就可以为所欲为了。在中国历史上，商品经济发达的时代都是皇帝与官员不作为的时代。当宋徽宗沉湎于写字、作画、与妓女寻欢作乐时，商品经济却繁荣了。《清明上河图》正成画于这一时期。

宋太祖对官员权力的剥夺采用的是赎买政策，官员多而俸禄高。宋太祖设计的官、职、差遣分离制与科举、恩荫、荐举等选官制度相结合，就演变出了大量冗官。当时有官有职而没有差遣的人占官员总数的百分之六七十。宋代官员的俸禄是中国历史上最高的。在宋神宗登基之前，政府的官吏估计在三十万左右，每年的俸禄达1200万缗钱（缗是当时货币单位，和贯相当，指1000钱，每缗大约相当于今天的将近200元）。除了官吏之外还有募兵，由政府财政养活。宋神宗登基前，募兵已达140万，每人每年支出50缗钱。

这种制度之下，一个结果就是形成了一个消费阶层。拿国家财政收入的官员和募兵有消费能力，需要各种物品，再加上皇家的挥霍性消费，就形成相当可观的有效需求。这种需求有力地刺激了商品经济的发展。

但这种促进商品经济发展的因素也潜伏着危及商品经济的因素。宋代一方面是商品经济发达，另一方面又是国家积贫积弱。积贫是指国家财政困难。专家估算，北宋时的财政收入每年在6300～6800万缗钱之间。官兵支出达6000万缗钱，皇家支出约为7200万缗钱。再加上皇家祭天地祖先支出，给辽国、西夏的"赏赐"，赤字相当严重。积弱是行政效率低、军事力量弱。这样，一来不能为商品经济创造一个稳定的环境，二来财政困难最终要靠增加税收和各种盘剥。这就使《清明上河图》中的繁华无法持续。这幅画完成后不久，北宋就灭亡了，汴京的繁荣成为绝唱。

没有监管的开放

清末，中国对外资是开放的，外国人可以在中国开设银行，从事各种业务，外资可以自由流动，但毫无监管。中国人可以自由从事银行、票号、钱庄的业务，但在1906年颁布"银行票号法"之前也没有任何监管。没有监管的金融市场发生了几次波及经济的金融风波。这几次金融风波都发生在中国当时的金融中心——上海。

鸦片战争之后，外资银行数量日增，且资本雄厚，控制了金银的输出与进入，尤其是清政府向外资银行大量借款之后，外资银行完全控制了中国金融市场。起初，外资银行主要办理外商汇兑，与中国原有的金融机构并没有联系，但19世纪60年代末之后，它们把从社会上吸收来的低利率存款借给钱庄。这种短期拆借利率为7%，低于钱庄贷款时10%的利率，钱庄纷纷向外资银行借贷，受其控制。

外资银行向中国的钱庄放贷是为其控制中国经济，获取高利润服务的。它们主要用控制贷款和抑制中国丝、茶出口价格的手段来达到其目的。这就引发了1872—1873年的第一次金融风波，这一时期，由于交通和通信的进步，中国进出口额大增，但贸易逆差达300余万两关银，这就使上海金融市场银根吃紧。1872年年初，正是丝茶出口的旺季，外资银行只吸收存款而不肯放出，利率甚至高达50%。同时，外资银行还抬高汇价，对出口丝茶的商人施加压力。出口陷于停顿状态。1873年出口减少210余万两，钱庄收不回贷款。外资银行只催收贷款而不放贷，商行破产五六十家，连带钱庄。1874年年初，有一半以上的钱庄破产。这是第一次金融风波。

在这次金融风波中，外商银行摸到了中国金融市场的规律。正常情况下，利率大体为每年8%，但如果外资银行收回贷款，市场银根吃紧时，年利率会高达33%。1878—1879年的第二次金融危机正是外资银行利用这个规律，干扰金融市场的结果。1878年，丝茶的出口仍然不好，商家亏欠严重，拖累了钱庄，钱庄受到损失，而外资银行又紧缩贷款200万两，银根吃紧，钱庄为拖欠所累，又有二三十家歇业。1879年，丝茶出口略有起色，但汉口和上海的外资银行又不借给华商钱，人为造成金融紧张。在第一次金融风波中，票号所受冲击并不大，但这一次票号也被牵连，有的票号因周转不灵而倒闭。

这两次金融危机使外国人控制了中国的丝茶出口量及价格，贸易处于停滞状况。风雨飘摇的中国金融业又进入了1883年的第三次金融风波。这一年，上海金融市场受投机活动和企业股票波动的影响，动荡不已。9月，当市场需要大量资金时，外资银行却拒绝办理短期信用贷款，这使纯泰和泰来两家大钱庄在10月倒闭，共欠银26万余两。与钱庄有业务往来的票号受到严重损失，收回钱庄贷款。这一举动又加剧了金融动荡。到冬天，上海市场的78家大钱庄只剩下10家，受连累的钱铺等金融机构达三四百家。

这次金融风波中，影响最大的是胡雪岩的阜康票号破产。胡雪岩从1881年开始囤积生丝，到1883年5月已达14000包，垫付2000万两白银，企图高价售出。但意大利生丝丰收，生丝价格一路下跌，胡雪岩低价甩出，亏损严重。且债主催还贷款，风声传出，存户争相提款，资金链断裂。阜康票号在12月1日倒闭。各地阜康分号也相继倒闭。这一消息传到北京，京城著名的四大恒钱庄（恒兴、恒和、恒利、恒源）受到挤兑。这就引发了全国的钱庄等金融机构倒闭。在这次金融风波中，外资银行大获其利。

1897年发生的金融风波与贴票相关，称为"贴票风潮"。贴票是一种高息揽储的做法。例如，客户以现金90元存入，钱庄付给面额为100元的远期庄票一张，为期半个月，到期客户就可以用庄票取回100元。贴票为潮州商人郑氏的协和钱庄所创。利率起初为20%～30%，以后甚至高达50%～60%。这种不规范的做法吸收了大量资金。但到1897年，由于贴票发行过多，钱庄无力偿还。这就引起了人们的恐慌，波及未发行贴票的钱庄和票号，又造成严重的金融风波。

发生在 1910 年的金融风波是由股票诈骗引起的，称为"橡皮股票风潮"。橡皮就是橡胶，当时上海人把种橡胶树、割取树胶为业的公司发行的股票称为橡皮股票。英国人麦边于 1903 年在上海成立了兰格志拓植公司，宣扬从事开辟橡胶园、开发石油、煤炭、采伐木材等业务，开始招股活动，但并没成功。1909 年，世界橡胶暴涨，国外从事橡胶园的企业和投资人大获其利。许多人购买橡皮股票。麦边和其他橡胶公司的主持人趁机哄抬股价。兰格志拓植公司票面 100 荷兰盾（合白银 60 两）的股票被炒到近 1000 两白银，超过面值的十六七倍。兰格志拓植公司本是一家皮包公司，在骗到钱之后就逃跑了。股价一落千丈，原来承做股票抵押的外资银行也中止该项业务，并追要贷款。这种股票成为废纸。各钱庄或承做股票抵押，或贷给购股者钱，此时无法收回，又引发了金融风波。在这场风波中又有一半钱庄倒闭。1909 年上海有钱庄 100 家。经过这场风波，到 1911 年时，只剩下 51 家。

在这种混乱的金融市场上，在金融风波频发的情况下，洋务运动、中国民族工业哪能得到健康发展？没有稳定就没有发展，这个稳定包括金融市场的稳定。

清末的金融风波与当时中国受外国帝国主义的侵略、国家软弱相关。外国银行凭借特权在金融市场上兴风作浪，从中渔利，是金融风波的根源之一。看来一国金融无论开放到什么程度，必须控制在自己手中，不能让外国人控制中国金融。金融风波的另一个原因是缺乏金融监管，无论外国的银行，还是中国的钱庄、票号，都从自己的眼前利益出发，违规操作，根本没有什么立法或机构监管。一个没有规则的金融市场，其游戏岂不是一片混乱？

　　直到一百多年后的今天，外资冲乱一国的金融市场，国内金融机构的违法操作仍然没有根除。金融开放与金融监管两者缺一不可。没有监管的金融开放只会引起混乱，而不利于经济发展。

在强国与富民之间

中国历代封建统治者都希望强国并富民。不过由于国是自己家的,所以,强国之心甚于富民之心。在他们心中,富民仅仅是手段,强国才是目的。而且,富民往往不是自觉的,是逼出来的。这就是新王朝建立之后被历史学家津津乐道的"让步政策"的由来。读西汉初期"文景之治"这一段历史,印证了这一点。

秦王朝是用横征暴敛、扩张战争来实行强国之梦的。当时的田租高达产量的三分之二,口赋(人口税)每人每年1000钱,全国400万男劳力中300万被抓去服苦役或兵役。这种以民穷为基础的强国当然不可能持续下去,秦二世而亡是必然结果。

取代秦王朝的汉朝面对的是经过战争浩劫人口锐减、经济崩溃的局面。据《汉书》记载,"时大城名都民人散亡,户口可得而数裁什二三";"汉兴,接秦之敝,诸侯并起,民失作业,而大饥馑。凡米石五千,人相食,死者过半";甚至"白天子不能具醇驷,而将相或乘牛车"。在这种困境之下,哪能谈得上强国?当时的有识之士陆贾、贾谊明白这一点,治国之臣萧何、曹参明白这一点,开国之君高祖刘邦和以后的文帝、景帝都明白这一点。强国必先富民,富民必须"轻徭薄赋",休养生息,自由放任。这正是西汉初年"以黄老无为而治之道为本"的让步政策的社会背景。无为而治不是不想治,而是治不了,让步是逼出来的。

从汉高祖刘邦以来的富民让步政策可以简单地概括为汉文帝所说的"欲为省,毋烦民"。说得通俗一点儿就是不为强国而增加政府支出,让百姓正常生活。这种政策的基础还在于发展生产。封建社会中农业是天下之本,这就有"重农抑末"的政策,"末"是指商。在农业生产中,劳动力最重要。这包括让更多的人能成为劳动力。例如,让军人转业,按军功分配田宅和免除赋徭;解放奴隶,每个人可获得20～30亩土地;对啸聚山林的土匪实行赦免,并给以田宅;鼓励生育,生孩子可以免除徭役两年,形成中国历史上第一个人口增长高峰。这些政策使农业生产恢复并发展。

鼓励生产还要轻徭薄赋,即减轻农民负担。汉高祖时就把人口税从每人每年1000钱减为7～14岁每人每年20钱,15～56岁每人每年40钱,把田租从三分之二减为十五税一(十五分之一),景帝时又减为三十税一。其间文帝时还免除田租12年。劳役是农民另一项沉重的负担,汉初把成年男子的服役时间减为不得超过 30 天。文帝时又让列侯离开长安到分封地就任，以免除"吏卒给输费苦"。又把服役的时间改为一次。与此同时，减少政府对经济生活的干预。文帝下诏把原来归国家的山林川泽开放，允许私人开采矿产，利用并开发渔业资源。在发展农业的同时又采用曹参"勿扰狱市"的建议，即允许商品自由交易，从事盐铁的生产与交易，取消过关卡所需要的"传"（凭证），允许自由流动，结果"富商大贾周流天下，交易之物莫不通"。用现代的语言讲就是采取了自由贸易的政策，实行经济上的自由放任。

汉初增加生产的同时又减少政府支出。一是不搞形象工程，大兴土木。萧何修建未央宫的计划受到刘邦批评，惠帝修长城分期进行，文帝以节俭著称，倡导节约之风，反对建露台。二是不治坟墓，不许厚葬。三是对外不用兵，对匈奴采取和亲政策（这才有昭君出塞），用和平的方式解决南越王赵陀的分裂活动。

这些富民政策造就了历史上第一次盛世时代——文景之治。从汉高祖到汉武帝初年的七十余年间，经济发展，政治稳定。史书称赞"百姓无内外之徭，得息肩于田亩，天下殷富，粟至十余钱，鸣鸡吠狗，烟火万里，可谓和乐者乎"。《史记》中的记载是"汉兴七十余年之间，国家无事，非遇水旱之灾，民则人给家足，都鄙廪庾皆满，而府库余货财。京师之钱累巨万，贯朽而不可校。太仓之粟，陈陈相因，充溢露积于外，至腐败不可食"。这与秦亡和汉初的惨淡状况形成鲜明对照。

但是奉行黄老之学的无为而治，仅仅有富民而国不强亦非治国之道。用今天的话来说，仅仅有经济增长而政府不发挥其应有的作用，社会难以实现和谐发展。文景时的无为而治引起两个严重的后果。一是社会贫富分化严重，在经济发展过程中那些先富起来的大户进行土地兼并，失去土地者流离失所，加剧了社会矛盾。二是对匈奴的忍让、和亲，使匈奴力量壮大，成为汉朝的威胁。这就是无为而治引起的内忧外患。政治和经济政策到了必须调整的时候，调整的总目标是从富民转向强国。

调整政策的使命落在汉武帝身上。汉武帝的调整在政治上是加强中央集权；与此相适应，思想上放弃黄老之学，独尊儒术；在经济上包括推广先进的生产工具（铁制农具与牛耕）和生产技术（代田轮耕制），兴修水利，抑制豪强，实行屯田制度、盐铁专卖等；在对外上打击匈奴，团结西域各少数民族政权。这些措施大大加强了国家对政治和经济的控制。用今天的话来说，就是从自由放任转向国家干预。但在这种转变中却有司马光所说的"亡秦之失"，包括政治上的专制和独裁，军事上征伐过度，生活上穷奢极欲。想想看，汉武帝在位54年，战争持续达43年，仅仅一个上林苑周长就四百余里，园中的奢华自不必说，封禅泰山达六次之多。有多少钱，够这样挥霍？所以，汉武帝被称为中国历史上少有的雄才大略之帝，但也是汉朝由盛转衰的转折点。此后汉朝就走向全面衰落了。

在中国历史上，每一个王朝都经历了这种由盛转衰的周期。王朝初期以富民为目的自由放任形成全盛，但民富之后的强国则成为衰落之始。中国历史在盛衰之中交迭，但社会总体上处于停滞状态。富民往往是被逼出来的，这就造成乱世长于治世。现代社会也有富民与强国的问题。不过，我们消灭了封建制度，也就走出了这个历史周期的怪圈。以市场经济为基础，同时国家发挥应有的作用，就可以同时实现富民与强国。这正是我们现在走的路。

英国商人的失算

鸦片战争以后,英国商人为打开了中国这个广阔的市场而欣喜若狂。当时英国棉纺织业中心曼彻斯特的商人估计,中国有4亿人,假如有1亿人晚上戴睡帽,每人每年用两顶,整个曼彻斯特的棉纺厂日夜加班也不够,何况还要做衣服呢!于是他们把大量洋布运到中国。结果与他们的梦想相反,中国人没有戴睡帽的习惯,衣服也用自产的丝绸或土布,洋布根本卖不出去。

按当时中国人的购买能力,还是有相当一部分人可以消费得起洋布的,为什么英国人的洋布根本卖不出去呢?关键在于中国人没有购买欲望。经济学家认为,构成需求的两个要素是购买欲望与购买能力,两者缺一都不能成为需求。英国人失算的原因正在于不了解中国国情,没有考虑到中国人的购买欲望。

购买欲望取决于消费者个人的嗜好。这种嗜好又取决于消费者的物质与精神需要、文化修养、社会地位等因素。但消费者作为社会中的人，其嗜好与社会消费习俗密切相关。消费习俗作为社会习俗的一部分取决于一个社会的文化历史传统与经济发展水平。

鸦片战争后的中国仍然是一种自给自足的封建经济，并在此基础上形成了保守、封闭的社会习俗，对外国的东西采取强烈的抵制态度。这正是明清以来实行闭关锁国政策的社会基础，也是乾隆及以后的皇帝一次又一次拒绝外国通商的原因。鸦片战争打开了中国的大门，但并没有从根本上动摇中国自给自足的经济基础和保守封闭的意识形态。这样，洋布和其他洋货在中国受到抵制是很正常的。英国商人不了解当时的中国国情，以为用武力打开中国的国门，市场就会欢迎外国货。其实武力可以在短时间内侵入一个国家，但摧毁不了一个国家的传统，也改变不了一个社会的消费习俗和消费者的嗜好。英国人可以借助船坚炮利把洋布运到中国，但不能强迫中国人购买。正如一句谚语所说的：你可以把马拉到河边，但你不能强迫马喝水。

当然，消费习俗和消费者嗜好是可以改变的。企业可以通过多种方法影响消费习俗和消费者嗜好，创造出消费者的购买欲望。其中最重要的方法莫过于广告了。狂轰滥炸式的广告可以形成一种社会消费时尚，激起消费者的购买欲望，从而为产品打开市场。20世纪50年代初，美国福特公司曾推出一种尾部翘起的汽车，然后通过铺天盖地的广告宣传这种车象征男子汉的阳刚气概。俊男靓女们在广告上反复声称这种汽车如何体现了男子汉的风采。久而久之，社会接受了这种观念，青年男性开这种车成为一种时尚，这种车的销路也打开了。现代广告无孔不入、铺天盖地，引导着社会消费时尚的变化，也促进了生产的发展。当然，广告也会有误导，但无论如何，广告的力量是不可小视的。当年如果有今天这样的广告，英国人也大做广告，那么，洋布在中国的销路也许不会那么惨。

在形成社会消费时尚中，示范效应起重要作用。示范效应指某些人的消费方式会引起其他人仿效的作用。消费时尚正是由这些起示范作用的人所推动形成的。在国际上富国的消费方式对其他国家有示范效应。在国内富人的消费方式对其他人有示范效应。消费时尚往往是富国或富人首先消费某种物品，然后其他人模仿，进而形成一种消费时尚。

英国人当年的错误在于太相信武力了。其实他们应该先劝王公大臣和社会名流穿洋布、戴睡帽，免费让这些人消费英国货。一旦这些上层人士以消费英国货为荣，就会引起消费习俗的改变。人们有了消费英国货的习惯，洋布等也就有市场了。在推销商品方面，武力是下策，"和平演变"才是上策。武力侵略引起受侵略国人民的排外情绪，给推销商品带来困难。"和平演变"改变一个社会的消费时尚比枪炮有力得多。

市场需求是企业生存与发展的关键。在面临需求不足的今天，许多企业大概都有这种体会，要使产品有市场，不仅要适应消费者的需求，还要主动去创造需求，让消费者有购买欲望。鸦片战争后英国商人的失败给我们上了一课。现代企业家一定要牢记创造消费者购买欲望这个信条。

官商并用的好处

从管仲开始,历来的政府理财家或改革者,如桑弘羊、王安石、张居正等,都把增加财政收入、增加国力作为目的,手段都是加强政府对经济活动的控制。但唐代的刘晏同时关注利国与利民,并把加强国家控制和发挥私商的积极性两者并用,两条腿走路。

刘晏执管财政时,正是"安史之乱"以后,当时连年战争,社会经济面临崩溃。在此之前,唐朝有居民900万户,人口5200万;此时,居民仅200万户,人口1700万。唐王朝又日趋腐败,开支不断膨胀。入不敷出,财政极其困难。生产破坏,交通堵塞,长安一斗米卖到1000～1400钱,民不聊生。这时的刘晏面临救国与救民的双重任务。

刘晏首先改革漕转制度。自秦代开始,首都地区的粮食由外地调入。水运称为"漕",陆运称为"转"。唐玄宗时每年运入长安的粮食已增至 100 万石。由于采用由产地到长安的直运法,时间长达八九个月,损耗超过 20%,又由官府派富户督运,对百姓扰害甚大。"安史之乱"后,漕转受阻,长安粮食危机。刘晏的改革包括由船头督运改为官运;由官府出钱造大船,雇用民工运输;采用分段运输法;优化运输路线。这些改革使运输时间缩短为 40 天,耗损基本消除,每年至少可运 40 万石粮,多时到 110 万石,运费下降 30%～50%,基本解决了漕转问题。

唐代的盐最初实行官民自产自销。"安史之乱"后,为了增加财政收入,实行榷盐(国家专卖),并把每斗盐价由 10 钱提高到 110 钱。但官卖效率低下,贪污严重,食盐销售大大减少,财政收入并没有增加。刘晏对这一制度进行了改革。包括大力裁减榷盐机构、盐官和盐吏;以商人的自由运销代替官运官销;取缔各地政府和军队对过境盐收税;在边远地区实行常平盐制,即由政府运盐到边远地区平抑价格。这些改革不仅有利于百姓,而且增加了财政收入。来自盐的财政收入由原来的每年 60 万缗增加到 600 万缗,占到财政收入的一半。

一个社会总会发生自然灾害,自西汉之后就设立了常平仓,以丰补缺。"安史之乱"后,唐代的常平仓制遭到破坏。刘晏首先恢复常平仓,各州常平仓贮粮在三百万斛左右。在救灾上,刘晏不赞成输血式的发放救济粮,而主张帮助灾民恢复和发展生产,实行生产自救。刘晏用财政政策帮助灾民生产自救,以减免赋税、发放贷款、平价粜粮,以及收购农副产品。他在救灾中重视发展副业生产，用国家储备交换这些农副产品。同时重视发挥商人的作用，鼓励商人下乡购货粜粮。

刘晏还把常平仓制用于粮食以外的主要商品，调节供求与物价，保持各地商品供求平衡和物价稳定。这种做法既促进了经济繁荣，又保证了财政收入。

刘晏的这些措施体现出与以前理财家的重要差别。首先，以前的理财重在增加财政收入，所以，基调是加强控制和压榨，结果在富国的同时却不利于经济发展。刘晏认识到，理财不仅是增加财政收入，而且要有利于生产的恢复与发展，使百姓安居乐业。在漕转改革中，将征调徭役改为政府出钱雇人，就既解决了长安粮食供给又增加了人民收入。在救灾中以造血式生产自救代替输血式救灾，在减少财政支出的同时有利于生产的发展。

其次，既重视政府的控制与作用，又重视发挥商人的作用，而不是像过去那样以官代商，打击商人。像漕转这类事情就由官运代替富户督运，并由政府出钱造船，改善运输工具。在盐业上则鼓励商人经营，以商代官，政府仅仅管理与征税。商人不愿去的边远地区又由政府去做。在任何一个社会中，官商都不应该是对立的，官商各司其职，互相配合，才有社会的繁荣。在这个问题上，封建社会的理财家很少有能超越刘晏者。

最后，刘晏懂得以经济利益来刺激人们提高效率。他用雇用制代替徭役制提高了漕转的效率，以经济手段鼓励灾民生产自救、向商人让利等都体现了他善于利用我们今天所说的激励机制。

刘晏并不是一个理论家，他也没有什么著作留下来，但他是一个实干家。在漕转改革中，他亲自到各地调查实际情况，选择最优路线，他还设计并制造了适用于不同河道的船只，组织严密的漕运组织。他的许多政策不是来自想象，而是来自调查研究，所以，了解实际情况，所提出的政策行之有效。他努力钻研理财的规律与特点，甚至上朝时还一路走一路在马背上用马鞭埋头筹算。

应该说，刘晏对恢复"安史之乱"后的经济，对唐中期的"开元盛世"起到了重大作用。但他的下场并不好。封建社会是宫廷政治，干得好不见得就有好下场。这种政治体制下需要的是善于见风使舵、玩阴谋诡计的人。那些能力不大，但善于处理各种复杂人际关系的人才能成功。刘晏不是这样的人。

刘晏是神童，七岁时就向唐玄宗献诗赋，并对宰相张说的提问对答如流，唐玄宗将他带回京城，授予秘书省正字的官职。尽管秘书省正字是一个校对文书的小官，但小小年纪就能担任公职令京师各界人士刮目相看。不过有才华的人难免恃才自傲，不会处理人际关系。刘晏在官场上也几上几下。在"安史之乱"主持理财工作后，又严格选拔理财官员，杜绝官场腐败。这就得罪了包括皇太子李适在内的权贵。唐代宗去世后，唐德宗听信谗言，先免刘晏的职，后又赐死。他死后家中"惟有杂书两乘，米麦数斛"。尽管以后唐德宗又为他平反，追认为郑州刺史，加司徒职衔，但对他已毫无意义了。

《旧唐书》和《新唐书》的《刘晏传》以及《食货志》都记载了刘晏的理财活动和事迹，读这些文章，至今仍令人叹息。

伪改革的悲剧

王莽篡汉自立新朝,一直被正统历史学家视为乱臣贼子。甚至他在年轻时谦虚好学、当官之后生活朴素、让自己杀人的儿子自尽,都被当作伪善。这已成为传统史学的定论。但在20世纪之后,不断有人为他翻案,不仅肯定他的个人品质,而且赞扬他的改革符合"民生主义之精理"。胡适就称赞王莽是"大政治家""一千九百年前的社会主义者"。著名的马克思主义史学家翦伯赞先生也认为他"不失为中国历史上最有胆识的一位政治家",并肯定了他的改革措施。

王莽到底是什么样的人呢?我们评价一个历史人物,不能看他是否符合正统或者个人品质。篡汉并不是罪,个人品质的真与伪也无关紧要,关键看他是推动了历史前进,还是给社会带来灾难。用这个标准来看，王莽的改制开了历史的倒车，把社会经济搞糟、搞坏，是一场空前的灾难。因此，即使抛开正统史学观，以今天的眼光来看，王莽也是一个货真价实的乱臣贼子。

西汉后期，皇帝一个比一个软弱无能，政治昏暗，经济凋零，人民生活痛苦，贫富对立尖锐。到西汉末年，汉朝实际上已处于崩溃的前夜。如果王莽篡权之后能振兴经济，缓和社会矛盾，这种篡权就可以称为进步的革命。可惜王莽上台之后的改制是把经济搞乱，激化本已尖锐的社会矛盾。在改制问题上必须以成败论英雄。

王莽改制最重要的内容之一是实行王田制，即被 20 世纪初资产阶级改革家所称道的土地国有化和平均地权。王田制的主要内容是：取消土地的私有，把全国土地一律更名为王田，禁止买卖。过去拥有土地的人，如果家中男子不足八人而土地过一井（900 亩），要把多余的土地分给"九族邻里乡党"。过去无田的人按"一夫一妇田百亩"的标准由国家给予。废除汉朝土地三十税一的税率，实行"什一而税"。同时下令禁奴，不许买卖奴隶。

从这些内容来看的确是土地国有和平均地权。但问题在于这是一种历史的进步还是退步，能不能促进生产发展。

商鞅变法改井田制为私有制，应该说，在当时的生产力水平之下，由公有变为私有是一种历史的进步，推动了农业生产的发展。在西汉时，尽管土地私有买卖引起了兼并和贫富对立，但总体上土地私有制还是适应当时的生产力水平的。特别应该指出的是，那些赞扬王莽王田制的人混淆了国有与公有之间的差别。国有还是公有或全民所有，取决于国家政权的性质。封建社会中，国家并不是人民的，仅仅是皇帝的私有财产，所谓"家天下"正是这个意思。这时，土地国有实际是皇家的独家私有。王莽把这种土地国有称为"王田井"，表明取消私有，并不是由全民所有，仅仅是由"王"一人所有。在封建社会中，一切打着国有旗号的财产实际上都是皇家的私有。所以，废除土地私有制实际上是用一人私有的大私有代替无数人私有的小私有，并无助于解决土地兼并等问题。从实行的情况来看，不仅有土地者拒绝交出土地，国家没有足够的土地分配给人民，而且，土地的兼并只是改变了形式——用皇权无偿占有代替了私人间的土地买卖。

王莽的另一项改制是国家全面垄断经济生活的"六管"。"六管"包括对盐、铁、酒实行国有国营和专卖；对名山大川实行国家管制，对采伐渔猎者强制收购产品或征税；对于货币的铸造和铸币所用的金属实行国家垄断性的采掘和冶炼；在主要城市实行"五均赊贷"，即由国家管制商业、物价，并直接从事赊贷活动。可以说，在"六管"之下，国家取消了人民几乎所有经济活动的自由权，把所有经济活动一网打尽了。

说起来"六管"的目的是保护百姓免受豪民富贾的盘剥，用国家垄断代替私人垄断。但在封建社会中，国家并不代表人民，以国家的名义垄断工商业不是造福人民，而是造福统治者自己。而且，在私人垄断时，任何一个豪民富贾都不能垄断一切，他们之间必定有某种竞争，但当国家垄断时，连一点儿竞争都没有了。而且，这种国家垄断不是改善了百姓状况，而是盘剥更重了。有学者根据《汉书·食货志》所载的资料计算出,在酒由政府专卖之下,利润率高达 61.76%,而私人酿酒的利润率绝对达不到这个水平。更重要的是,国家垄断是由官员控制的。在封建社会的吏制下,效率低下不说,专卖又给了他们一个贪污受贿的机会。历朝历代的专卖都如此,王莽的新朝岂有例外?

在王莽的改革中,最荒唐而又为害最大的莫过于货币改革。在王莽当权的十几年中,大的货币改革就有四次,如果加上第三次改革后的局部变动,实际上货币改了五次。第一次是在原来的五铢钱外,加铸了大钱、契刀和金错刀,分别相当于五铢钱十二枚、五十枚和一千枚。第二次改革是废五铢钱、契刀和金错刀,新铸当五铢钱一枚的小钱,仍保留当五十的大钱。第三次改革把货币改称"宝货",共有钱、布、金、银、龟、贝六种,每种下面又分为若干品,如钱货有六品,布货有十品,金货有一品,银货有二品,龟宝有四品,贝货有五品。这种复杂的货币,别说用了,今天听起来都头痛。最后一次改革又废除大钱和小钱,另做货布和货泉。货币改革几乎是朝令夕改。

货币本来是作为交换媒介的,越简单,越稳定,越有利于流通。王莽搞了这么一个复杂的货币体制,而且始终处于变动之中,这不是成心要把经济搞乱吗?所以,即使为王莽翻案的翦伯赞等人也认为这种货币改革最混乱、最荒唐。这种货币改革不仅在于王莽的无知和浅薄,更深层的目的是把货币搞乱自己从中渔利。这正如翦伯赞先生指出的,是"运用政治权力以加强对人民的剥削"。王莽时期的货币花样繁多,且制作精美,今天已成为收藏者的珍品，但在当年却是危害天下的。

王莽的新朝只存在了15年，是历史上唯一一个兼开国和亡国之君者。任何一次改革，如果破坏了生产，让人民受难，无论改革者的愿望如何，只能是一次反动。我们正是从这种意义上把王莽称为乱臣贼子，应该永远钉在历史的耻辱柱上。

动机与效果

也许是年轻时读过一些抨击王安石的文章、小说，也许是对苏东坡、司马光诸君太崇拜了，我对王安石的印象一直不好。以后年长一些，明白了看待历史人物应该看他们在历史上所起的作用。像列宁这样的革命导师都在称赞王安石的改革，我也不该对王安石有偏见。但我不明白的是，既然苏东坡、司马光也是一心为国的正人君子，为什么要反对王安石利国利民的改革？君子之争不会是由于私利或个人义气吧？那么何在呢？

近日闲来无事带着这个问题"活学活用"地去读书，终于"立竿见影"地有了效果。尽管王安石被称为"拗相公"，不注意生活小节，性格又怪点儿，但无论从个人操守还是文才来看，都应该属于英才之列。在大宋王朝积贫积弱的情况下，他不怕世人反对("三不足"精神)进行变法,其富民强国的目的不容怀疑。他不是那种以变法为名博取名利者,也不是那种"公私兼顾"的改革者。但是他的改革为什么会受到那么多同样为国为民者的反对,而且以失败告终呢?

王安石变法的重要内容之一是"青苗法",即由政府以低于私人借贷的利率向农民贷款,农民以地里的青苗为贷款抵押。王安石在当地方官时这种做法效果不错,在陕西推行时也颇受欢迎。但当推向全国时,却引发了灾难性后果。各地都有固定的贷款准备金,上级下达的任务是要全部贷出去,并完成20%的增值。有了硬指标,官员们就要用硬手段。他们根据农户的经济状况,将之分为不同等级,各自要承担不同的贷款额度,而不论你是否需要。同时,为了保证还贷,又让富户与不同等级农户结为利益共同体,由富户提供担保或抵押。青苗法实行后连年自然灾害,官员逼债,农户纷纷破产,连富户也无法幸免。这岂不是祸国殃民吗?

"均输法"与市易法的目的在于平抑物价,抑制大商人对百姓的垄断与盘剥。但这项政策的实质是用官商代替民商,岂不知官商比民商更坏。一来民商之间还是有竞争的,垄断程度和能力有限,盘剥程度也有限,但当国家垄断了市场、货源、价格时,其盘剥的对象也扩大到民商和百姓了。在这种新法之下,政府官员控制了批发与零售业务。普通商人无论大小,要做生意先要经过政府官员的几道审批关口。这笔交易费用由于贿赂官员而大大增加了,物价上涨不说,许多商人无法经营下去,工商业凋零。这种新法除了掌握交易权的官员致富之外，对整个社会和百姓又有什么好处呢？

再如"免役法"，用交钱代替差役，而且原来享受免役待遇的官户、城市居民、女户、寺观、未成丁等也要缴纳助役钱。只有城市六等以下、乡村四等以下贫困户享受全额免纳的优惠。又规定在定额之外，各路、州县可代征20%的免役宽剩钱，以做灾年免征备用。这样看上去很美，可以减轻农民负担，使他们专事生产。但在执行中，不少地方官把贫困农户提高到四等以上，城市贫困户提高到六等以上，让穷人也交免役钱。因为确定贫困户等级的权力由官员掌握，当然可以说你不贫困就不贫困，贫困也不贫困。何况，20%的免役宽剩钱又为官员任意增加免役钱的征收开了一个合法的口子。结果免役法引起富人和穷人的一致反对。

任何一种新法，甚至总体上利大于弊的"农田水利法""方田均税法"，都可以成为官员鱼肉百姓的口实。王安石的变法的确增加了财政收入。实行数年后，全国财政收入从宋初的1600多万贯增加到6000多万贯。史书评论"中外府库无不充衍，小邑所积钱米亦不减二十万"。但这种以民穷为基础的国富难以持续，社会怨声载道，民不聊生，仅仅是财政收入增加，又有什么意义呢？

王安石与苏东坡、司马光之间不可调和的矛盾正在于王安石看到的是自己的动机绝对崇高，财政收入也增加了，而苏东坡、司马光看到的是新法执行中的种种问题及实际社会效果。看问题的角度不同，结论截然不同，矛盾当然无法调和。

王安石的变法最终失败了，其原因除了遭到上层官僚集团顽固的反对以外，重要的一条是在执行过程中的扭曲。政府把"青苗法"利率规定为20%，我就擅自提到30%；政府要抑制私商，我就用更坏的官商代替私商；政府要用交钱代替差役，我就拼命敛钱。哪一种措施无论当初的动机有多好，执行的地方官员都可以把自己的私货塞进去。政策在执行中违背了初衷，其结果是可想而知的。

今人在评论王安石变法派和苏东坡、司马光反变法派之间的是非曲直时都认为，反变法派中都是一些君子，而变法派中除了王安石之外都是一些小人。王安石得不到朝中重臣的支持，只好找那些急于上进的新人。这些人不仅缺乏经验，而且把变法作为进身之道，参与变法动机就不纯。王安石的重要支持者与助手，如吕惠卿、章惇、曾布、蔡卞、吕嘉问、蔡京、李定、邓绾等，都属于人品不正者，其中绝大多数以后进了《宋史》的奸臣传中，其中蔡京之臭名，大概没人不知道。用一些人品不好、胸怀私心的人进行变法，再好的设想也没用。

从更深层次来看，封建社会的官场腐败是必然的。"千里来做官，为的吃和穿""三年清知府，十万雪花银"，是他们当官的目的。大宋王朝从上至下都烂透了，靠这样的官员去实施新法，只能成为他们的又一条生财之道。任凭王安石有"几不足"的斗志，也无法改变这种官场现实。可惜王安石在制定新法时根本没考虑到这一点，把官员都想象成像他一样为国分忧、为民请命的人。

历史上的改革大多失败了，变法者下场也不好，这是由封建社会的腐败性决定的。变法毕竟是要巩固而不是消灭封建制度。这就注定了变法与变法者的悲剧结局。

贪官并不幸福

经过精心策划，一些贪官卷走国家几千万甚至几亿资金外逃了，宁静的温哥华、热闹的纽约、遥远的悉尼成为他们的藏身之地。在这些地方，他们生活幸福吗？

对于幸福，不同的人有不同的看法。经济学家认为，人是理性的，以追求自己的幸福最大化为目标。这是人类共同的人性，贪官也不例外。从经济学的这个角度看，贪官并不幸福。

美国经济学家萨缪尔森曾经给出了一个幸福方程式：幸福＝效用／欲望。效用是人从消费物品与劳务中获得的满足程度。这个公式告诉我们，幸福程度与效用成正比，与欲望成反比。我们先从这个角度来分析贪官为什么不幸福。

如果人的效用是既定的，那么，欲望越大，人越不幸福；如果欲望无限大，有多大的效用也不幸福。幸福是人的一种感觉，一个人幸福还是不幸福完全取决于个人的主观感觉。人的感觉往往与用以比较的参照物相关，因此，幸福是相对的。如果他总是要和坐着私家飞机在全世界旅行的迈克尔·乔丹比，或者要和妻妾成群的皇帝比，肯定永远不会感到幸福。如果你和那些衣着无落的流浪汉比，你会感到自己是世界上最幸福的人。和谁比反映了一个人欲望的大小。其实那些外逃贪官和绝大多数人相比都是"人上人"，但他们的欲望是无止境的，永远得不到满足。这样的人就像普希金笔下的渔夫的老婆那样，即使当了女皇也不会感到幸福。

如果人的欲望是既定的，效用越大就会越幸福。经济学家认为，欲望属于心理学范畴。研究幸福时还可以效用为中心。效用也是一种心理感觉，有欲望而得到满足就是效用。效用要消费物品或劳务才能得到，消费物品与劳务要有收入。因此，经济学家也把幸福最大化简化为效用最大化或者收入最大化。经济学家把效用最大化等同于收入最大化仅仅是一种理论上的简化，是为了能对人的行为进行定量分析。在理解幸福时，绝不能简单地把效用和收入等同起来，认为收入越高，获得的效用越大，越幸福。因为人从消费物品和劳务中得到的边际效用（即增加同样物品-单位消费增加的效用）是递减的。人的收入增加固然可以消费不同物品，避免边际效用递减，增加总效用。但当收入高到一定程度时，货币的边际效用也要递减。这就是经济学家常说的"穷人的一元钱带来的边际效用大于富人的一元钱"。

从这种观点出发，没钱绝对不幸福，但有钱并不一定幸福。有些经济学家认为，在人的幸福中由金钱带来的幸福仅仅占20%，甚至更少。对低收入者，金钱与幸福的关系更为密切；但对高收入者，金钱与幸福的关系就要淡得多。那种身居高位的贪官并不缺钱，当他们不择手段捞钱时，这种钱并不能给他们带来幸福。钱不用等于没钱。这些贪官把贪污来的钱或放在银行里，或放在不为人知的角落，甚至太多了像废纸一样堆在床下。这种无用的钱，不用来购买物品与劳务，能带来什么效用和幸福？如果连钱带人一起被公安局带走，这种钱带来的不是效用，而是负效用；不是幸福，而是痛苦。

其实人的幸福并不是效用或收入的一元函数，而是一个多元函数。决定幸福的不仅仅有金钱，还有其他因素。比如，美满的家庭生活、带来乐趣的工作、受到别人和社会的尊重，等等。英国古典经济学家亚当·斯密指出，人的本性有利己的一面，也有利他的一面。同情心、责任心、为社会奉献，都是人性中美好的一面。当你为别人和社会做了好事，受到称赞时，这不也是一种莫大的幸福吗？像《笑傲江湖》中的岳不群那样，以当武林盟主为唯一的幸福来源，受到武林唾弃，能有什么幸福呢？那些把金钱作为幸福唯一来源的贪官，钱是捞足了，但失去了朋友，成为不齿于国人的狗屎堆，流落异乡，在某个阴暗的角落或狱中度过余生，有什么幸福可言呢？他们也不会喜欢岳不群这样的人，但他们的所作所为与岳不群有什么差别呢？

经济学家爱讲"世界上没有免费午餐"，有所得一定有所失。得到任何东西都要付出成本。因此，理性人要进行成本—收益分析。如果去做成本大于收益的事，就是非理性人。那些贪官为了钱要付出无法计算的成本。绞尽脑汁去想办法弄钱是消耗精力和时间的；厚颜无耻地去要钱是要以丧失人格尊严为代价的。用贪污来的钱去花天酒地损坏的是自己的身体，得到了钱而失去了原有的社会地位是一种无法用金钱衡量的成本。而且，贪污了钱所受到的良心谴责，被通缉或追捕所受到的心理压力是多少钱也无法弥补的。付出了无法计量的成本去获得有限的金钱，值吗？

走上贪官之路是人生最大的悲剧。这条犯罪道路的终点是不得好死，绝不是幸福。准备当贪官的人在走上这条不归路之前，真应该好好学点经济学，听听经济学家的指点，清醒一下。

网开一面不是帮助

如果一位了解股市内幕的朋友告诉你，某种股票即将崩盘，你及时把手中的这种股票抛出，肯定不会有什么问题。但在美国，当身价十几亿美元的第二富婆、家政女皇玛莎·斯图尔特听从好友的事前预告将手中的股票在该公司崩盘前抛出时，却因为涉嫌内幕交易并妨碍司法公正被判处监禁5个月。

这个故事可以解释中美两国股市的差异。在美国，股市是整个市场经济的一个重要组成部分，对促进经济健康发展起着积极作用。股市与经济是连为一体的。记得20世纪90年代美国经济繁荣时，股市何其"牛"气冲天。但在我国，经济与股市却是两张皮，当我们的经济以9%左右的速度高速增长时，股市却一"熊"到底。造成这种差别的原因当然是多方面的，尤其是经济市场化的程度不同。但不可忽视的一个因素是制度化运行程度的差异。同样一个内幕交易在中美的结果完全不同,这正反映了这种制度化程度的差异。

正如游戏需要规则一样,市场经济也需要制度,市场经济活动的部分——股市——更需要制度。我们之所以加一个"更",是因为股市具有两重性。股市作为金融市场的一部分,不仅是企业融资的重要渠道,而且可以使社会资金运用到最有效的地方。没有正常运行的股市,市场经济绝不可能完善,但股市由于存在不可知的风险,又有其投机性的一面。投机活动的存在有利于股市的活跃,让市场机制更充分地发挥配置资本资源的活动,但这种投机活动也会给经济带来冲击。20世纪30年代震撼整个西方世界的"大危机",90年代东南亚的"金融风暴"都与投机活动引起的股市非理性繁荣有关。要使股市趋利避害就必须有制度规范股市行为。这些年来,我国股市非理性的繁荣或衰退,制度缺失是一个重要原因。在这个非规范的股票市场,不少人利用权力或制度漏洞大发其财,甚至形成利益集团。一些企业效益不好,"包装上市",骗了股民。这些现象使人们对股市失去信心,它能"牛"得起来吗?

不过说股市制度缺失并不准确。经过这些年的市场化改革,我们制定的法律,包括与股市和上市公司相关的法律也不少。但为什么这些法没有起到应有的作用呢?

我想,这首先是有些法律原则性的条文多,而具有可操作性的条文少,用法律确定原则是重要的,但只有原则,而缺乏可操作性,法律往往会变为一纸空文,或在实施中被曲解。比如,禁止上市公司发布虚假信息的原则是有的，但什么属于虚假信息，违背了哪条应该如何惩罚，却缺乏具体规定。我想用一个不相关的例子说明原则和可操作性的差别。

我国过去《婚姻法》规定"夫妻感情破裂可离婚"，但并没有判断"感情破裂"的具体标准，现实中很难操作。美国《婚姻法》则把"分居六个月以上"作为离婚的条件。两者哪一个更有可操作性就明显了。中美《证券法》的差异与《婚姻法》的差异相似。

其次是执法力度问题。从玛莎的故事中可以看出美国执法之严，即使玛莎这样的家政女皇也不例外。但我国，即使有可操作性的条文，执行起来也往往会打折扣。对玛莎这样级别的人物，恐怕是会"法外施恩"的。这里的原因除了执法人员的素质之外，重要的是执法机构缺乏独立性。地方政府或相关部门或者从当地经济利益出发（从好的角度考虑），或者受贿（从坏的角度考虑），干涉执法，为违规者开脱，大事化小，小事化了，最后不了了之。执法不严，法律成了稻草人，能有什么权威呢？

最后，也是更加根本的一点，就是全民的法律意识薄弱。玛莎的事是由她的经纪人的助手道格拉斯·法努伊尔告发，并在法庭上作为首席证人。这样的事在中国几乎不可能发生。与玛莎有利益关系的法努伊尔举报，说明他有相当强的法治意识。而在我国许多人的观念中，权大于法，法只是表面文章。在这种观念指导下，个别法官不认真执法，个别官员眼中无法，个别企业家以违法发财为能事，公众也不把法作为判断是非的标准，这种现象表现在股市上就是违法行为不胜其多，毁了股市。

如果我们让股市按规则运行，严格执法，企业会如何呢？玛莎故事的后一半是喜剧。玛莎出狱后还有5个月的家庭软禁。在此期间，玛莎整装待发，其控股的生动多媒体公司股价从去年10月她入狱时的16美元上涨到现在的25美元。牢狱之灾并没有毁掉这位家政女皇，她仍有被许多人看好的前途。我想其原因一是人们对她经营能力的信任，二是人们相信她经历这场灾难之后，会守法经营。守法而有能力，事业当然会更成功。许多人担心严格执法对企业的冲击，主张法律模糊一些，对有前途的企业网开一面。从玛莎的故事看，这种做法不是帮助企业，恰恰是害了企业。

玛莎的故事说明了制度对股市和企业的重要性。这正是在市场化改革深化的今天，玛莎故事对我们的现实意义。

反恐是一个经济问题

美国反恐惊悚小说大师汤姆·克兰西的《惊天核网》写的是国际恐怖组织利用中东战争中遗留的核弹在美国引爆，并企图挑起苏美大战的故事。当然，最后是反恐英雄瑞安化解了这场危机，但读后仍令人不寒而栗。

这本小说出版于1991年。但不幸的是，作者当年假设的在美国国内大规模的恐怖活动2001年居然变成现实——"9·11"事件。克兰西的小说风行一方面在于小说中引人入胜的情节和广博的军事、政治、社会知识与思考，另一方面也源于人们对恐怖活动的担忧日益加剧。

恐怖活动自古就有。《史记》中称赞的侠客、刺客，按今天的眼光看，就是恐怖分子。但反恐成为全世界关注的共同话题却是近年来的事。我们不能否认，恐怖活动的根源之一是意识形态或者说文化的冲突。那些恐怖主义的头子往往是社会的上层富人。他们从事恐怖活动往往是出于宗教信仰、政治观点，或者对西方的仇恨情绪。但是，仅仅这样几个狂人是成不了大事的。他们的得逞在于煽动了广大基层民众成为他们的追随者，甚至为他们卖命。

许多群众之所以愿意为恐怖活动效力固然有宗教信仰等原因，但最根本的还在于他们穷。当人们穷时就想知道自己为什么穷，以及如何才能富。而且，妒忌是一种天性，仇富是穷人正常的心态。有了这种基础，富裕的恐怖分子就可以煽动穷人，正如历史上的野心家去煽动穷人造反一样。那些恐怖活动头目把穷人的贫困归结为富人的剥削，把穷国的落后归结为富国的掠夺。脱贫自然就必须造富人的反，造富国的反。富人、富国是强者，穷人、穷国是弱者。公开的对抗，弱者当然没有获胜的可能。于是，弱者就采取了非常规手段——恐怖活动。当然，要让群众甘心为恐怖活动献身，除了这种精神煽动之外，还要有更为现实的物质激励——据外媒报道，基地组织战士和人弹都有相当可观的货币奖励，且支付硬通货美元。

恐怖活动的猖獗与全球贫富分化加剧是相关的。全球经济一体化是一个不可抗拒的历史潮流。马克思和恩格斯在《共产党宣言》中预见到了这种趋势。从理论上说，在全世界的范围内配置资源可以使其更有效。从实际情况来看，"二战"后全球经济一体化的加快的确促进了整个世界经济的发展。应该说，全球化是世界各国共同富裕之路。但在这一过程中的确出现了富者愈富、贫者愈贫的马太效应。几十年前,美国经济学家库茨涅兹就指出,经济增长在全世界的特点是增长迅速扩散到各国,以及世界各国增长的不平衡性。历史证明了这种预见,库茨涅兹不愧是获得1971年诺贝尔奖的经济学家。

全球贫富差距扩大加剧了穷人对富人、穷国对富国的仇恨。所以,恐怖活动的主体是穷国针对富国、穷人针对富人的。恐怖主义的头子固然是富人,但他们以穷人和穷国的代表自居,且追随者仍以穷人为主体。从这种意义上说,恐怖活动的根源仍然是经济上的贫穷。

既然恐怖活动的根源是经济的,反恐就是一个经济问题。尽管恐怖活动与世界贫富差距扩大,与一些国家和人民处于绝对贫困状态相关,而且,我们也深深同情仍生活在水深火热之中的国家和人民,但绝不能说,恐怖活动是正义的。恐怖活动,尤其是像《惊天核网》和现实中针对平民的恐怖活动是极其残酷的反人类罪行,罪不可赦。因此,采用政治的、军事的手段对付恐怖活动,甚至从肉体上消灭那些顽固不化的恐怖分子,都是必要的。但从长期来看,镇压解决不了根本问题,只能治标而难以治本。要真正消灭恐怖主义,实现全世界的安全,还要在经济领域内解决贫富差距扩大这个根本问题。

国际上的共同富裕和国内一样,不能靠劫富济贫来实现,要靠穷国本身的经济发展。从现实来看,穷国有两个经济问题成为恐怖活动的根源。一是由于制度的原因,整体经济落后。从根本上说,一国经济落后不在于缺乏资源或全球经济一体化,而在于缺乏一套刺激经济发展的政治与经济制度。在贫困问题上，内因是主要的。内因就是制度。二是贫富差距相当大，穷人就把参与恐怖活动作为致富之路。无论任何一个国家，都是反对恐怖活动的。因此，那些恐怖主义猖獗的国家应该为从根本上消灭恐怖主义创造经济发展条件。

作为先富裕起来的发达国家有义务帮助穷国。为穷国创造更好的国际经济秩序，给予技术或金钱支持，或者转移支付。富国帮助穷国不是仁慈或单方援助，也是为自己创造一个安定的环境。反恐是扬汤止沸，把反恐的钱用于帮助穷国发展经济，才是釜底抽薪。

只有从经济入手，反恐才能成功，《惊天核网》中所假设的恐怖活动才永远不会变为现实。

调查产生的偏差问题

有些事不说不知道，一说吓一跳。

有媒体刊登了一则调查数字，说中国每个男人有103个性伙伴。读过后我大吃一惊，难道中国男人已开放到这个程度了吗？后来又有媒体报道了这个调查的片面性，才知道自己差点上当，选的调查对象不同，结论会完全不同。你把历代皇上作为调查对象，男人的性伙伴恐怕在四位数以上，你把和尚作为调查对象，男人的性伙伴恐怕为零。这种调查有什么意义呢？公布出来，岂不误导读者吗？

本来这个调查已过去了，但让我又想起这件事的是另一个调查，说农村居民的幸福感强于城镇居民。看了这个调查，我不解的是，既然农村居民感到自己比城镇居民幸福，为什么还要潮水般地涌入城里务工呢？为什么全社会还如此关心"三农"问题呢？为什么不见"痛苦的城里人"去农村当"幸福的农村居民"呢？这个调查结论显然与我们的常识不一致。这个错误的结论大概出自调查方法的失误。

首先，调查的是什么农民呢？农民应该包括种地的农民、失去土地的农民以及进城务工的农民。中央所说的保护农民的合法权益覆盖了这三种农民，如果仅仅调查种地的农民，他们也许会由于近年来粮价上涨和政府采取的一系列措施而感到幸福，但我想，那些失去土地又没有生活依靠的农民，那些进城从事最苦最累的工作又不能按时领到工资的农民，绝不会有什么幸福感或者感到自己比城里人幸福。这不用什么调查数字去证明，否则中央为什么三令五申要保护农民合法权益，并把农民问题放在首位呢？如果调查中是用状况较好的种地农民来代表农民，其错误结论就不可避免了。

其次，调查了多少农民？抽样调查一定要选用不同地区的不同样本。如果只调查鱼米之乡富裕的农民，也许可以得出这个结论。但千万别忘记，我们还有许多老少边穷地区，恐怕这里的农民不一定会有这种幸福感。用这种抽样的数字来说明问题，只会得出一些误导的结论。抽样不具有代表性，结论也就没有意义了。抽样调查可靠的另一个关键是要有足够的样本。用几千人的样本很难代表近十亿农民，正如不能用几个风流男人的样本来代表占人口一半的男人一样。

最后，是如何调查的？这个调查是要说明城乡人口的幸福感对比，因此调查的办法应该是：你觉得自己比城里人幸福还是不幸福。幸福是主观感觉，也是一个相对的概念。如果问农民，你是否感到幸福，他们也许会回答是。但如果问，你觉得自己比城里人幸福吗？多数人恐怕不会说是。同样，如果你问城里人幸福吗？他们尽管赚钱多，也会由于感到工作压力大而说不，但如果问他们是否比农民幸福，我想多数人还会回答是。如果不用对比的方法提问，所得出的结论就无法比较。不考虑相对因素，幸福就是无意义的。一个年收入10万元的人，与年收入100万元的比，可能不会感到幸福，但与年收入1万元的人比，绝对幸福。只问年收入10万元的人幸福与否，有什么意义呢？

我没有看到这个调查的全部详细资料，但它的结论违背了基本常识，肯定在调查方法上存在严重问题。

现在的媒体上各种调查数字也相当多，但许多数字让人不得不怀疑它们的目的何在。有些是先有了结论，然后用自己设计的调查去求证。这绝不是科学的态度。结论应该在调查之后，而不是先入为主。有些是用这些数字去得出能吸引人的奇谈怪论（男人的性伙伴之类）。这些调查只能称为数字游戏，公布这些数字和结论只能误导公众，其社会影响是恶劣的。

这些不负责任的调查者以为数字有铁一般的说服力。其实歪曲的调查数字说服力比豆腐还软。我们并不愚蠢，别再拿这些数字来逗我们了。

买卖排污权的合理性

像环境污染这种负外部性肯定应该受到限制或消除,但美国有些地方政府却允许企业之间买卖排污权,而且还得到称赞。1992年,设在美国加州多伦斯的美孚炼油厂从加州南门以300万美元购买了每天可排放900磅有毒瓦斯气的权利。美孚排放瓦斯气的污染行为合法化了,但加州环保部门批准了这次交易,环保主义者没有抗议反对。经济学家还把它称为治理污染的一个进步,这究竟是为什么呢?

有些企业的生产会给环境带来污染,这被称为负外部性,会带来社会成本。治理环境污染已成为人类面临的一个严峻任务。但既然要经济要发展社会就难免有污染,要完全消灭污染是不可能的。各国所追求的是把污染控制在一定程度之内。在治理污染上也要讲究效率，以最小的成本获得最大的治污效果，或者说减少治污的成本。

外部性是市场失灵的表现之一，消除外部性是政府的职责。政府用于治污的方法一般有两类。一类是对污染征收税收，这种税最早由英国经济学家庇古提出，故称为庇古税。这种税收一方面增加了生产有污染的产品的成本，提高了价格，以减少社会需求和企业生产量，从而减少生产和污染。另一方面政府也可以用这种税收去治理污染。庇古税使生产者自己承担了治理污染的成本，把社会成本私人化了。另一类是管制，即对企业排放的污染量实行强制性限制，规定排污的最高量，超过这一规定给予重罚，迫使企业自己治理污染。

这些政策对治理污染起到了积极作用，但社会也为此而付出了代价。能不能有一种办法获得同样的治污成果，但又能减少成本呢？买卖排污权就是这样一种低成本治理污染的方法。

假设有一个钢铁厂和一个造纸厂排出同样有害的东西。政府规定每个厂每年的排污量为300吨，违反这一规定要重罚。如果这两个厂要求进行一笔交易：钢铁厂以500万元购买造纸厂的100吨排污权。这样，钢铁厂每年可排污400吨，造纸厂每年可排污200吨。这两个厂排污总量没变，对环境的影响也没变。那么，允许这种排污权的买卖会有什么影响呢？

这两个厂愿意进行交易，说明双方都能从这种交易中获得好处。其原因在于各个厂减少污染的成本不一样。假设钢铁厂由于生产技术特点，减少污染成本甚高。例如，减少100吨污染需要

600万元。造纸厂减少污染成本低，减少100吨污染仅需400万元。当双方以500万元100吨污染权成交时，对钢铁厂而言，多排100吨污染物，节省了600万元，以500万元购买100吨排污权增加收益100万元。对造纸厂而言，少排100吨污染物增加支出400万元，以500万元卖出100吨排污权，也增加收益100万元。

从社会的角度看，重要的是控制污染总量，这个量在企业之间如何分配是无关紧要的。当政府确定排污总量之后让各企业按市场原则进行交易就是按市场机制来进行配置。市场机制可以使资源配置达到最优化。无论最初的污染总量在企业之间如何配置，只要存在排污权自由交易的市场，最后的配置一定是最有效率的。在我们以上的例子中，两个厂的交易共有200万元的收益，等于减少了排污成本200万元，这当然小于不允许交易时的情况。

允许企业交易排污权和庇古税或管制方法的效果是相同的，都是把负外部性内在化，强制企业自己解决污染问题，即企业排污要付出成本，这就把社会成本私人化。

允许企业交易排污权不仅减少了企业为排污所付出的成本，而且也减少了政府用于减少污染的支出。在征收庇古税和实行管制时，政府要支出大量管理费用，例如确定应征的税率，建立一套相应的管理机构，等等。而在允许企业交易排污权时，政府可以确定一个排污总量，然后发行可交易的污染许可证（就是排污权）。各企业可以根据自己的需要购买这种污染许可证。也可以由政府任意地把可交易的污染许可证分配给企业，然后由企业之间进行自由交易。在用这种方法治理污染时，政府的支出少多了。

美孚炼油厂从其他企业购买了这种污染许可证，尽管它的排污量增加了，但另一个企业排污量减少了，这个地区总排污量不变，环保主义者自然不会反对。在经济学家看来，两个企业都从这种交易中获益，排污成本减少了，当然是好事，值得称赞。这样的好事，环保部门哪会不批准呢？

这个事例告诉我们，在市场经济下，政府干预也要尽力利用市场手段来解决市场失灵问题。

票贩子屡禁不止的原因

　　看过病的人都知道,在协和、同仁这些名牌医院挂专家门诊号有多难。据我所知,协和正教授级专家门诊号不过 14 元,价钱倒不贵,但数量有限,你半夜去也不一定能挂上号。要看专家门诊也不难,花 100 元左右就可以从票贩子手中买到号。尽管公安部门一直加大打击力度,但票贩子仍屡禁不止。其原因实际不是公安部门打击不力,而是这种限制价格的做法违背了市场经济规律。
　　市场经济中千百万独立决策的个人与企业进行自己的消费与生产决策。这些个别决策是通过市场上价格的调节得以协调一致的。用价格协调经济活动称为市场机制或价格机制。价格是由需求与供给自发决定的。需求是消费者愿意而且能够购买的某种物品量,随价格上升而减少,随价格下降而增加。供给是生产者愿意而且能够供给的某种物品量，随价格上升而增加，随价格下降而减少。当某种物品的需求与供给相等时，就决定了该物品的市场价格，经济学家把这种价格称为均衡价格。

均衡价格形成的过程正是市场机制调节经济的过程。以专家门诊号为例。如果医院开始时确定的价格低于均衡价格，需求量就大于供给量，这时存在价格上升的压力。随着价格上升，需求量（想看专家门诊的人）减少，供给量（想为病人提供专家门诊的医生）增加，价格最终会上升到供求相等的均衡水平。反之，如果医院开始时确定的价格高于均衡价格，需求量小于供给量，价格下降，直至供求相等。当价格达到均衡时，想看专家门诊的人得到了满足，想为病人看专家门诊的专家也得到了满足，这就是实现了经济学家所说的资源配置最优化。

但是，如果受到外力的干预，价格就无法起到这种调节作用。比如，假定专家门诊的均衡价格应该是60元，但物价部门规定最高不能超过14元。这种由政府规定的最高价格就是限制价格，或称价格上限。由于价格低于均衡价格，且不能上升，必然存在超额需求或供给短缺。挂号费为14元时许多人看不上专家门诊正是这种情况。

在这种情况下，解决供小于求的方法有三种：配给（由医院决定给谁）、排队（按先来后到的原则）和黑市。票贩子和病人之间的交易正是黑市交易。票贩子或者拉帮结伙装作病人挂号，或者与医院有关人员勾结，把号弄到手。然后以供给不增加情况下黑市的垄断价格（比如100元）卖给病人。只要存在限制价格，票贩子倒号有利可图，无论再"严打"也是"野火烧不尽，春风吹又生"。钻价格政策的空子是票贩子的理性行为。

票贩子的存在既损害了消费者（病人）的利益，又损害了生产者（专家）的利益。病人不得不付出高价，这种高价又不由专家所得。在我们的例子中，限制价格为14元，这也是医院能得到的价格，病人却付出了100元，其间差额86元就归票贩子及其同伙（例如提供号的人）所得。有关部门制定限制价格的意图也许是维护消费者利益，但实际却损害了消费者利益。这种事与愿违的结果就在于违背了市场经济的基本规律，人为地破坏了价格自发地调节供求的作用。

从经济学的角度看，消除票贩子的办法不是"加大打击力度"云云，而只是取消对专家挂号费的限制价格政策。一旦价格放开，挂号费上升，想看专家门诊的人减少（当价格低时，什么小病都想让专家看），而愿意从事专家门诊的专家增加（收入增加愿意每周多门诊几次）。最终会使双方满意。这样简单的做法为什么不试试呢？

税收不能用于禁毒

现在全世界毒品泛滥已成为21世纪人类最大的威胁。许多国家花费巨大的人力与物力，但收效并不明显。因此，有的经济学家提出，用税收手段，借助于价格机制禁毒。这就是，让毒品交易合法化，但征收极高的税收。这样，由于税收极高，毒品价格大幅度上升，吸毒者会减少。同时，政府收入增加，又可以帮助吸毒者戒毒。这种做法看来简单，但行得通吗？

首先这种做法在伦理道德上是难以让人接受的。吸毒对人类危害极大，贩毒是一种犯罪行为。任何一个有良知的政府都不会用税收让一项犯罪活动合法化。这正如任何政府都不允许交钱就可以杀人放火一样。即使这样能增加政府收入，政府也不会用这种方法来收取不义之财。所以，至今还没有哪一个政府考虑接受这种"简单易行"的禁毒方法。

即使抛开这种伦理与政治上的考虑，仅仅从经济学的角度看，这种做法也未必有效。征收高税收是提高毒品的价格。我们就从价格对毒品的需求与供给的影响来分析这一问题。

先来看需求。我们知道，吸毒者都有强烈的毒品依赖性，即一旦吸上毒就无法摆脱，而且依赖性会越来越大。此外，没有其他合适的替代品来代替毒品满足吸毒者的欲望，即毒品没有相近的替代品。这就是说，毒品这种东西极其缺乏需求弹性，甚至可以说，毒品的需求弹性几乎等于零。在这种情况下，高税收尽管引起毒品价格大幅度上升，但吸毒者对毒品的需求量不会有多大减少，甚至不会减少。对毒品的需求在很大程度上并不取决于毒品的价格，而取决于吸毒者的嗜好，即对毒品的依赖性。

对毒品征收的高税收主要由吸毒者承担。我们知道，需求缺乏弹性的商品，价格上升，卖者的总收益增加。卖者总收益增加也就是买者总支出增加。吸毒者以社会下层低收入者为主。这些人无法戒毒，又无法增加自己的收入。当高税收引起的高价格使他们吸毒的支出大幅度增加时，他们唯一获得收入的来源就是犯罪，铤而走险，进行偷盗、抢劫等暴力犯罪活动。所以，有识之士指出，对毒品征收高税收引起的高价格会加剧社会犯罪，使暴力犯罪迅速增加。

再来看供给。价格上升会刺激供给增加。毒品价格上升对减少需求几乎没有作用，但对增加供给却是有效的。而且，对毒品征收的高税收，尽管是向贩毒者征收的，但贩毒者可以通过高价转嫁给吸毒者，所以，贩毒者的总收益和利润所受影响很小。如果把高税收作为生产成本的一部分，面对高税收，贩毒者可以采用各种抗税或逃税手段，如继续走私、贿赂税收征管人员，甚至暴力抗税。即使政府让毒品交易纳税而合法化，贩毒者也会使贩毒成为地下经济，以逃避税收。这是因为，把抗税的支出作为成本，税收的减少作为收益，在高税收时，抗税的成本远远小于收益，抗税就成为一种理性行为。所以，即使政府宣布毒品交易为合法，并征收高额税，也只是提高了毒品价格（起码要加上抗税的成本），而不能减少毒品的供给。当然，在毒品交易为地下经济时，政府税收也不会有很大增加。

总之，从经济学的角度看，对毒品征收高税额，既不能减少需求，又不能减少供给，既不能增加财政收入，又不能有效禁毒。因此，目前也没有哪个政府用这种方法来禁毒。禁毒的正确方法不是利用价格机制，而是把毒品交易作为一种犯罪行为来严厉打击。同时，广泛宣传毒品的危害性，让人们远离毒品。

高税收不能用于禁毒说明价格不是万能的。我们强调，在市场经济中价格是重要的，价格是能调节的，就尽量利用价格机制。但价格调节的作用并不是万能的。无限扩大价格机制的作用与否定价格机制的作用都是片面的。我们不能从一个极端跳到另一个极端。当价格机制调节有效时，我们应该首先利用价格机制，但在价格机制调节无效时，我们还要求助于法律与行政手段，或社会道德调节和社会教育。千万不要学了经济学就把价格调节用于任何一个问题。

非理性赌博

世界杯期间，看球热闹，赌球也热闹。一些人赌球的兴趣要大于看球。众多赌徒当然是以输告终，最终的赢家还是境内外地下赌场的庄家。不过没有世界杯，嗜赌者也会用其他方法赌。那些到澳门、韩国，甚至远渡重洋到拉斯维加斯豪赌的人不是源源不断吗？

你去问那些赌徒，大概没几个敢以赌为荣者。即使那些不以赌为罪的人，也顶多以"小赌怡情，大赌才伤身"来为自己辩解。记得颇值一看的电视剧《武林外传》中，赌界前辈轩辕老太太对嗜赌而赌输的白展堂说："小赌与大赌本质上都是赌，没什么差别。赌赢了还想赌，赌输了总想翻本，只要开始赌，小赌必成为大赌，直至最后家破人亡。"此语颇有哲理。

谁都知道，赌博中最后的赢家是庄家和那些会玩手段的"老千"。不少赌徒在血本无归之后也发过各种毒誓。但为什么在人类文明的进程中，赌博这种罪恶从未消失，甚至在某一个时期还愈演愈烈呢？这恐怕要从人性的弱点中去找原因。

经济学总把理性人作为分析问题的出发点。但嗜赌的人绝不是理性人。按标准经济学理论的分析，理性人是风险厌恶者。得到一笔钱和丢掉同样一笔钱给人带来的效用是不同的。这是因为货币的边际效用是递减的。钱越多，每增加1元带来的满足程度（效用）越小。比如，收入从1000元增加到1001元，这1元钱带来的边际效用就要小于从999元增加到1000元的这1元钱。如果这种收入是由赌博带来的，赢1元钱（从1000元增加到1001元）就比输1元钱（从1000元减少到999元）的效用要小。由此得出，冒风险而赚的1元钱的效用小于损失的1元钱。用在赌博上就是赢钱带来的效用小于输钱带来的效用损失。理性人是风险厌恶者就不应该从事赌博这类纯风险的活动。

这种理论分析尽管听起来头头是道，但与赌博现象的广泛存在并不一致。实践是检验真理的唯一标准，这种理论显然必须修改。

其实经济学家所说的理性人还不仅仅是会对自己行为的成本与收益进行分析，做出正确的决策，更重要的是人行为的目的是以最小的投入获得最大收益。这种经济人意义上利己的本性不仅属于人类，还属于所有生物。或者说这是所有生物求生存、求发展的本能。人与其他生物的差别在于，其他生物是无意识、无目的地来实现这种本能的，而人可以有意识、有目的地分析并决定自己的行为。人这种理性分析的能力根源于有思维能力，这种能力是在社会中通过模仿、学习和经验而获得的。经济学正是要提供一种分析方法与工具，以提高人进行理性分析与决策的能力。看来谋求最大化的冲动是本能的，寻找实现最大化的合理途径则是后天获得的。

人追求最大化的冲动是共同的，但找到实现最大化最优方式的能力并不同。人做出一些与理性分析不一致的行为或者是出于无知，或者是知而做不到。赌博行为屡禁不止，与关于理性人应该是风险厌恶者的结论不一致正源于此。对于一些涉世未深的年轻人来说，进入赌场往往是对赌博的危害了解不多。对于更多知道赌博的危害而又沉溺于其中的人来说，人性中的一些弱点使他不能理性地行事。

亚当·斯密早就注意到人性的弱点。他在《国富论》中指出："大多数人对于自己的才能总是过于自负。这是历代哲学家和道德家所说的一种由来已久的人类通病。但世人对于自己幸运的不合理猜测，却不大为识者所注意。要是可以这样说的话，对自己幸运妄加猜测，比对自己才能过于自负，恐怕还更普遍些……每一个人，对得到的机会，都或多或少地做了过高的评价，而大多数人，对损失的机会，做了过低的评价。"用这段话来解释人进行赌博这类非理性活动，恐怕是再恰当不过了。进入赌场的人，也知道输家是99%以上，但总觉得自己就属于那不到1%的幸运儿。

现代经济学家把对人性弱点的认识上升到理论高度，这就是行为经济学。行为经济学把心理学分析引入经济学，说明了人不能理性地行事的原因。这就在于,人总是过分自信,对小概率事件的相信度高于大概率事件,以及拒绝改变自己的想法。赌博证明了这种分析。行为经济学家证明了男人对自己的自信要胜于女人,所以赌徒是以男人居多的。赌徒都相信个别人赌场暴富的事,不太重视大多数倾家荡产者。许多赌徒都是屡赌屡输而不改其志。

赌博仅仅是人类众多非理性行为中的一种。以理性为基础的正统经济学分析难以解释这些非理性行为。人行为的目标要实现最大化,但由于人理性的有限性,实际上很难实现最大化。从最大化理念引出的各种目标,如最理想的社会、最理想的工作与生活,等等,说起来动听,其实都无法实现。理想的东西就是无法实现的东西。经济学要面对复杂的人性和现实,就必须研究人类的非理性行为。

我们生活在一个由非理性的人组成的社会中,由此出发,你才能理解包括赌博在内的许多现象,并适应这个并不理想的社会。

不能数字化生存

一位认识不久的朋友,知道我是山西人后,连说:"山西人学经济好啊!会计算。"不知是恭维还是挖苦,在他看来,经济学就是两个字——计算。

现代人习惯对什么都用数字评价。过去讲"生命无价",如今有人用数字表示生命值多少钱了。一位朋友外出乘机总买几份保险(到最大限量),我问他为什么。他说,我年薪100万,用你们经济学的贴现法,年利率5%时,我值2000万,年利率10%,我也值1000万。不多买保险行吗?我说,要有人用2000万买你这条命,你干吗?他笑了笑说,这是模拟价,不是交易价。

人们也习惯于对一切都实行数字化管理了。儿女做家务有价格(据说是学洛克菲勒),家庭理财成为热门,对文物的最标准评价是值多少钱,甚至受了伤失去了性能力也可以折合为多少钱。我们真是数字化生存了。有人说,这都是经济学惹的祸。

经济学是让我们如此理财,数字化生存吗?经济学的确运用了大量数学,但那与数字化并无关系。经济学运用数学工具是为了表述、证明与发展经济理论,与用数字表示美女、生命毫无关系。而且,数学仅仅是经济学的工具,正如语言是思想的工具一样。经济学的核心是思想,不是数字游戏。

经济学不是老讲什么成本—收益分析、价值、价格、变量之类用数字表述的东西吗?的确,这些内容充满了经济学教科书。但它更重要的意义不是教你如何计算成本和收益(要由会计去算),而是告诉你一种思维方法,给你一种思维的工具。比如,告诉你什么时候的什么决策是理性的,应该如何去做,绝不是要你事事计算,锱铢必较。

如果你把经济学理解为用数字斤斤计较的工具,那就错了。经济学告诉我们要进行成本—收益分析、节约成本,等等,是要你最有效地利用资源、提高效率的。如果你把这种思维方法理解为斤斤计较,像周扒皮那样以克扣工人的工资来降低成本,那就背道而驰了。经济学讲有投入才有回报,至于有多少投入、多少回报,不是用现成的公式算出来的,对员工往往不是多少钱的事。投入的不光是钱,还有你对他们的尊重和感情。古人常讲"士为知己者死",如果只讲数字,这句话就要改为"士为100万死"或其他数字了。也许在笑贫不笑娼的风气下,是可以"女为100万容"的,但那是"假容",想想也觉得没意思。

从本质上说，经济学不是以成本—收益核算为中心的学科，而是一种人生哲学，一门让你懂得如何幸福生活的学问。经济学是要转变人的观念的，而不是教人如何计算的。人生固然应该计算，不要浪费自己的资源，尤其是最宝贵的生命，要在为社会奉献的同时，实现自己的人生理想，无论是物质的，还是精神的。但这不同于旧式商人的精打细算。你想，整天算来算去，今天给工人多发了一块钱，明天卖东西又少收了一块钱，算得失眠、头痛、抑郁症齐发，就是获得了满屋子钱，能有什么幸福呢？现代人不是老式葛朗台、阿巴贡，那不叫精明，那叫"有病"。

社会转型时期，人们被压抑已久的金钱欲爆发出来了，物欲横流，于是处处精于计算的数字化生存方式横行于社会生活的各个方面。从个别曾在党旗下庄严宣过誓的官员到乡间农夫，从高等学府的知识分子到刚出茅庐的青年学子，都以精打细算为能事。那些高尚的东西被冷落了，这是社会不和谐的原因之一。经济学更深层次的内容是对和谐的追求——经济学家称之为"均衡"。人的本性是利己的，但仅仅是数字化的计算，连利己也实现不了。你总想算计别人，难道别人都那么傻？经济学的假设之一是你千万别认为别人比你智商低。经济学告诉你的是要双赢，而不是处处往自己这里算。我们不要求任何人无私奉献，只要想想没有别人的幸福，你也不会幸福就够了。作为企业家，要让工人也幸福，作为富人，也要关心穷人的疾苦。社会各方的和谐与双赢才是经济学所追求的。

经济学经常被人们所误解，或者认为它鼓吹"人不利己，天诛地灭"的腐朽思想，或者认为它是反动的意识形态，或者认为它是学会数字化生存、斤斤计较的工具。其实这些都不是，经济学和其他学科一样，都是为了建设一个和谐的社会。它着重于经济问题，因为这是和谐社会的物质基础。但它绝不仅仅告诉你经济上的成功如何计算，还要告诉你许多超越数字化计算的东西。没有这些更深刻的体现和谐的思想，那些具体计算方法就有百害而无一利。

经济学不以数字化计算为本质，人也不能数字化生存。

利己就是利他

记得1964年时正在倡导"毫不利己,专门利人"那一年,我到湖北江陵参加农村社会主义教育运动。有一天外出,看见白茫茫的棉田里,穿着花衣红裤的姑娘正在摘棉花。衣着鲜艳的姑娘点缀着棉田,真是一幅美丽的风景画。这些姑娘穿花衣是为了满足自己爱美的需求,当然是利己的,但客观上她们又装点了大地,给人以美的享受,这不也是利他的吗?看来利己还是可以利人的,不必"毫不利己,专门利人"。

近二十年后,学了现代经济学,才知道这种现象是经济学家所说的正外部性。外部性又称外在性或外在效应,指一种活动给予这种活动无关的人带来的影响。如果这种影响是好的,就称为正外部性,否则就是负外部性。姑娘们选择衣服时并没有考虑利他,但结果美化了环境。主观上为了自己,客观可以为别人,这种现象现实中并不少。比如一个人种果园只是为了利润最大化,一个人养蜜蜂也只是为了利润最大化,但如果他们离得并不远,果园可让蜜蜂采蜜,蜜蜂采蜜又为果树授了粉。双方从利己的目的出发,都实现了利他的结果。

并不是任何活动都有这种外部性,有些无外部性,有些还有负外部性,所以这种情况下利己与利他的一致性也许只是一种偶然。那么,利己与利他的统一有必然性、普遍性吗?

不能说在任何社会中利己与利他都是一致的。在原始社会生产力水平极为低下时,一部分人的生存是以另一部分人的牺牲为代价的,利己并不利他。在传统阶级社会中,统治阶级的利己是以被统治阶级的痛苦为代价的,利己也不利他。在这样的社会中,统治阶级的主流意识形态是让被统治阶级无私奉献。要人民"存天理,灭人欲"是要满足统治阶级的更大的私欲。伦理学家喋喋不休的道德说教就是让人们放弃个人私利,一心为统治者及他们这种御用文人奉献。这时的道德是伪道德。统治阶级宣扬这种道德自己并不实践,只是骗骗那些可怜的愚民而已。

近代社会的启蒙运动是为人性的呐喊,利己是人的本性,并没有什么错。但如果人人为自己,莫非只有上帝才为大家了?好在市场经济的发展形成一套机制,让利己与利人自然而然地统一起来,这就是市场机制。亚当·斯密说,每个人只考虑自己的利益,但在他们这样做时,"受一只看不见的手的指导",却实现了社会利益。比如,一个烤面包师在工作时绝不会考虑如何使别人吃得香甜，而是考虑如何卖出高价。人家抢着买他的面包，面包才有高价，为这高价他会想方设法把面包烤好。这时利己与利他就一致了。使这两者一致的是价格这只"看不见的手"，或者说是市场机制。

斯密嘲笑了那些满口为社会的伪道学家。他说："我从来没听说过，那些假装为公众幸福而经营贸易的人做了多少好事。"相反，"追求自己的利益，往往使他能比在真正出于本意的情况下更有效地促进社会的利益"。照此推理，那些总想"毫不利己，专门利人"的人往往害了别人，你不想利己，总穿得破破烂烂，岂不丑化了环境吗？你只想捐助，不发展自己的企业，岂不有人要失业了吗？伪道德才是真正害己害人的。高喊如何为国的人，不如从自己的利益出发去做几件实事；标榜为人民服务的人，不如先为自己做点事。人要在为个人的奋斗中为社会做贡献。利己与利他的一致性是市场经济道德的基本原则和出发点。

现实中存在着损人利己的现象。那些制造假冒伪劣产品的人，那些贪污受贿的官员，那些只顾自己方便而不守社会公德的人，都属于这种情况。这些人的利己与利他并不一致，往往还是利己而害他。其实从长期来看，害人终究要害己。有哪一个企业家是靠假冒伪劣成功的？贪污受贿即使不被抓也终生不安，会幸福吗？不守社会公德，让别人瞧不起，损失的是自己的社会名声，这不也是害己吗？

这个道理并不深，但并不是每个人都能理解，为眼前的利己而不顾长远利益的人还为数不少。对这些人该怎么办呢？我们说市场经济中利己与利他是一致的,但千万别忘了,市场经济是一个法治经济。我们可以利己,可以为自己利益而做事,但千万别忘了,这一切只有在法律许可的范围内(或没有被法律所禁止)才是可以的。法律不允许造假,不允许贪污受贿,这就是界线。违法去利己会有法律的严惩,当然最终还是害己。

追求均衡还是最大化

体育的目的本来是强身健体的,古希腊奥运会的宗旨原本就是"友谊第一,比赛第二",用运动场上的竞技来代替真刀真剑的战争。现代体育越来越商业化、锦标化,背离了这种目标,体育走上了邪路。

20世纪60年代,日本女排教练大松博文采用魔鬼式训练法,不仅运动量超出身体极限,而且把队员当作打球的工具,非打即骂。当她们夺冠时,所有队员都哭了,我想这里有幸福,更多的还是辛酸。为了这一时的辉煌付出了无法衡量的代价,值吗?

当我们追求GDP增长的最大化时往往忘记了这种增长的代价。没有GDP增长,就没有社会进步,但把GDP增长的最大化作为唯一目标,恶化了环境,破坏了生态,过度消耗了不可再生性资源，加剧了贫富对立，引发社会不安定，这种最大化的 GDP 增长又有什么意义呢？对社会而言，这种最大化恐怕是祸不是福。一个社会应该追求均衡的增长，在增长中实现经济与社会、人与自然的平衡发展。均衡增长、协调增长，或者绿色增长才是我们应该追求的目标。

当一个企业在追求规模最大、销售额最大或利润最大时往往会忘记，实现最大化的过程往往是一个美丽的陷阱。如果只追求数量最大化而以牺牲质量为代价，产品成了废品，这种最大化岂不是零了吗？如果一心想把企业快速做大，而超出了自己融资和管理的能力，结果原来的企业也破产了，最大化又有什么用呢？如果每个企业都想成为行业老大，谁会当配角呢？如果以坑蒙拐骗去实现利润最大化，结果是企业的灭亡最大化。经济中，大中小企业并存也是一种生态平衡，谁大谁小是竞争的结果，也在竞争中变动着。说命运的安排有点唯心，但从整个经济来看，市场竞争的结果总是一种符合经济内在规律的均衡。

当一个人在追求收入最大化时往往忘记了他们所需要的实际上是幸福而不是金钱。金钱对幸福当然是重要的。没钱绝对不幸福，贫嘴张大民的幸福生活只是一种无奈的阿 Q 精神。但有钱并不一定幸福。有多少有钱的人在焦虑中煎熬？河南的一个亿万富翁不就由于这种压力而杀人了吗？人的幸福是一个多元函数，除了金钱外还有美满的家庭、与志趣一致的工作、可以交心的朋友、受到社会尊重，等等。幸福是这些因素之间的一种均衡。如果为了钱而抛弃了亲情、友情，甚至成为千夫所指，个人能有什么幸福？想一想《笑傲江湖》中的岳不群，为了武林盟主而放弃了一切，谁会认为他幸福呢？那些把金钱作为唯一追求目标的人，与岳不群有什么差别呢？金钱打破了幸福诸因素之间的均衡，生活不和谐，幸福也没了。只有会把握这种均衡的人才是最幸福的人。马歇尔懂得这一点，他的一生都是幸福的。人可以把握自己这种均衡，这需要一种平和的心态。修炼到这一步的人一定是幸福的。

美丽是个综合指数（颜值即正义！）

美国一项最新调查表明，人生际遇和长相密切相关，俊男靓女比普通人更有机会获得高收入，这个结论是美国联邦政府发行的《地区经济学家》中的一项研究报告得出的。该报告发现，长相漂亮不仅收入高，升迁的机会也大。据调查，长相丑的人待遇比一般人低9%，长相漂亮的人待遇比一般人高5%。此外，身材也会影响收入。胖女人比一般人的收入平均低17%；身材高者，每高一寸，收入平均增加2%～6%。

其实这个结论经济学家早就知道。美国经济学家、曾任美国经济顾问委员会主席的曼昆在《经济学原理》中有一个"案例研究"就是"漂亮的收益"。他根据劳动经济学家丹尼尔·哈莫米斯和杰夫·比德尔的研究得出长相不同引起收入差别的结论，并给出了三种不同的解释。香港经济学家林行止把这种现象称为"漂亮贴水"。

看来长相的确是引起收入差别的原因之一（尽管并不是重要的原因）。我们应该如何解释这种现象，如何应对这个现实？

工资或收入是劳动的价格。在市场经济中，任何一种物品或生产要素的价格都取决于供求关系，因此，我们也必须从这个角度来解释漂亮带来高收入的原因。漂亮的需求来自企业，这种需求的大小决定了漂亮的收入有多少，而需求大小又取决于漂亮给企业带来的效益。简言之，漂亮能得到多少收入取决于他给雇主企业带来的效益。应该说，漂亮的确能给企业带来高效益。有些高效益的行业，如演艺界、电视主持、模特，只有漂亮的人才能从事。脸蛋和身材在这些行业的成功是至关重要的。在其他行业中，漂亮对成功也相当重要，例如，服务员漂亮的饭店来的客人更多，漂亮的老师更受学生欢迎，病人对漂亮医护人员的服务更满意，漂亮的记者更容易得到更多新闻，连领导开记者招待会，漂亮记者提问的机会也更多。在社会上漂亮是一张成功的通行证。爱美之心人皆有之，人们也就愿意为漂亮付费，这种付费就成为企业的效益。企业对漂亮的需求是大的。且漂亮的人毕竟是少数，供小于求，漂亮的价格高，俊男靓女收入高就正常了。

换个角度看，人的收入高低取决于他在经济中的贡献大小。贡献的大小取决于能力、努力程度和机遇。能力包括先天能力和后天能力，先天能力（即天生的能力）包括智力和长相。长相好是先天能力强的一个方面，当然会有高收入。而且，漂亮还影响人的机遇。漂亮的人让人喜爱，机遇就更多。这就是调查报告中所说的，提升的机会多。由此看来，漂亮有高收益不能算是社会歧视，是理性人经济行为的正常结果。

这样说来，长相普通的人也许会抱怨父母没有给一个好脸蛋和好身材，自暴自弃。其实这大可不必，因为决定一个人成功与否的绝不仅仅是长相。你看看成功的企业家、科学家以及政治家，有几个是俊男靓女？长相对成为名演员、名模也许更重要，但沈殿霞、潘长江、赵本山的成功并没靠长相。至于进入福布斯排行榜的富人，漂亮者并不多，即使长得很帅，也不是成功的原因。

在各种关于漂亮与收入的调查中没有讲清楚的一点是，衡量漂亮的标准是什么。当然，有一些判断漂亮的常识，如身高、三围、脸蛋，等等，但更为重要的是，漂亮往往是主观的，每个人的判断标准并不完全相同。也许对梦露这样的美女，绝大多数人是认同的，但对茱莉亚·罗伯茨，看法就不同了。"大嘴美人"这个称号可以解释为"美得有特色"，也可以解释为"嘴大哪有美"。但这并不妨碍她成为片酬最高的女演员之一。

在各种调查中，漂亮其实是个综合指标，包括外在的美（身材与脸蛋），也包括内在的美（气质与修养）。而且，内在的美往往比外在的美更重要。一个外在美的姑娘可能会由于缺乏文化修养，举止言语不得体而不让人喜爱，这时她很难成为得到高收入的美人。相反，一个外在普通的姑娘也会由于内在文化修养高、举止行为得体大方而被称为美人。如今选美已从过去单纯评外形改变为内外兼顾，甚至更重视修养与气质。

现在漂亮收入高的道理越来越为人们接受，这就是"整容热"的经济基础。整容是个人的自由选择，别人无权干预。但千万别进入一个误区：整容是人成功的起点。美是天生的，不是人造的，整容可以局部改变容貌，但难以根本改变。无论如何增高，一个一米六的人也长不到一米七。整容不能把无盐女、嫫母（历史上有名的丑女）变为西施、玉环（历史上有名的美女）。但是，一个长相普通，甚至有点丑的人，可以通过提高内在修养来改变自己的整体形象。更为重要的是，外在的美会很快消失，但内在的美与年龄俱进。

让自己更漂亮是人的天性，也是增加收入、提高生活质量的重要方法。外在的美是父母给的，但内在的美是后天努力的结果。记住这一点，人人都会更漂亮。

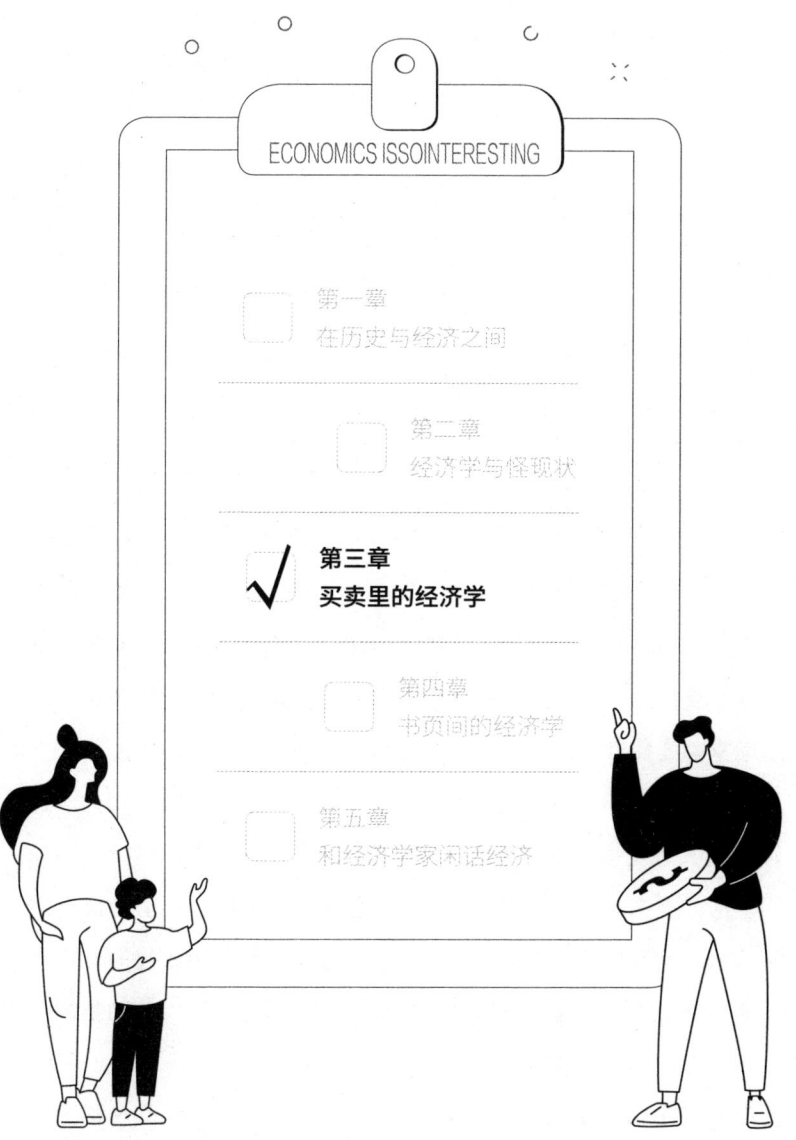

一只羊与两把斧子

学过政治经济学的人对"一只羊等于两把斧子"或者"20码麻布等于一件上衣"这样的等式都不陌生。分工是人的天性,有分工就有交换。这两个等式都是表示各种物品交换中的比例关系。经济学家则要探讨,决定这种交换比例关系的内在原因是什么。

古典经济学家是探寻这种交换比例的先驱者。他们认为,这种交换关系是客观的,使这种关系成立并为买卖双方都接受的原因也应该是客观的。他们坚信"土地是财富之母,劳动是财富之父",认为劳动创造了物品,因此,使这种交换比例相等的是包含在其中的劳动。英国古典经济学家亚当·斯密就说"劳动是衡量一切商品交换价值的真实尺度"。决定各种商品交换比例的是包含在商品中的劳动量。一种商品中包含的社会必要劳动量称为价值，价值决定商品的交换比例，即价格。这种理论称为劳动价值论，是我们再熟悉不过的。

但这种理论正确吗？商品中包含的社会必要劳动量是抽象的劳动，是体力或脑力的支出。在现实中并没有什么客观衡量标准。一只羊可以交换两把斧子是因为它们包含的社会必要劳动量相等，但这个社会必要劳动量到底是多少，谁也不知道。说"一只羊等于两把斧子"是因为它们包含的社会必要劳动量相等，也可以说因为它们相等，所以包含了相等的社会必要劳动量，这岂不是一个诡辩式的循环论证了吗？因为 A 等于 B，所以 B 等于 A，这种推理回避了它们为什么相等。看来，要找出决定"一只羊等于两把斧子"的客观因素，无论逻辑论证多严密，实际上是此路不通的。19 世纪中期以后，这种解释遭到了越来越多经济学家的怀疑。人们开始沿着另一条思路探索，决定"一只羊等于两把斧子"的主观因素。

这种主观因素就是消费者的主观评价。一个人愿意用一只羊去换两把斧子，他所考虑的并不是他养这只羊用了多少劳动，或者对方生产两把斧子用了多少劳动，而是他对两把斧子的评价大于或至少等于一只羊。无论羊或斧子中包含了多少社会必要劳动量，只要有羊的人认为，两把斧子给他带来的满足（效用）大于一只羊，有斧子的人认为，一只羊给他带来的满足（效用）大于两把斧子，这种交换就能完成，这个等式就能成立。换言之，"一只羊等于两把斧子"与羊和斧子中所包含的社会必要劳动量没有关系。决定这个等式的是交换各方所得到的效用。效用是主观的，是消费者对物品的评价。所以，决定"一只羊等于两把斧子"的不是客观因素而是主观因素，不是羊和斧子中包含的社会必要劳动量，而是双方对羊和斧子的主观评价——效用。

在商品交换普遍的今天，不是一个人用羊换斧子，而是许多有羊的人与许多有斧子的人交换。对羊和斧子的评价是主观的，每个人都不同，或者说，每个人从羊和斧子中得到的满足（效用）并不同。为什么交换的比例是"一只羊等于两把斧子"呢？经济学家指出，这种交换比例并不是谁确定的，而是在市场竞争过程中自发形成的。市场上有许多买卖羊或斧子的人，不同的买者对羊或斧子的评价不同，所愿意出的价格也不同，卖者把羊或斧子卖给出价最高的买者。如果在这种价格时，有多余的羊或斧子卖不出去，价格必然下跌，直至买卖均衡为止。如果供出售的羊或斧子不多，买者就只好出高价，也是直至买卖均衡为止。在竞争的过程中会自发形成"一只羊等于两把斧子"的均衡。实现这种均衡的过程完全是自发的，与社会必要劳动量没什么关系。

这种解释是19世纪70年代的奥国学派或称边际效用学派提出的。它是对古典学派的否定，因此被称为经济学中的"边际革命"——理论发展史上的革命是破旧立新。按古典学派的解释，"一只羊等于两把斧子"是等价交换，交换仅仅是互通有无，这时是谈不上市场经济的。按奥国学派的解释，"一只羊等于两把斧子"是双赢的交换，双方都认为获得的效用大于失去的效用。这时交换遍及整个社会，市场经济就是必然的结果。市场经济的基础不是等价交换而是双赢的交换。

奥国学派的这一套理论经常受到误解，甚至批判。我们判断一种经济理论正确与否的唯一标准是实践，即它能否正确地解释现实经济现象。古典经济学无法解释许多经济现象，甚至引出了一些错误的结论，奥国学派的理论则对市场经济做了有说服力的解释。所以，在经济学史上，奥国学派取代古典学派是一种历史的进步。

　　这些年来流行的一个词是"与时俱进"。但要真正做到这一点并不容易。许多人由于观念或利益，固守已经过时的理论，甚至不允许别人进行探索性批评。对新的理论，则一律称之为"异端邪说"，口诛笔伐。这些人说得好听点是"保守"，说得难听点是"反动"——社会在前进，他们还在坚持过时的东西，岂非逆历史潮流而动？讲"一只羊等于两把斧子"这样老生常谈的话题有点乏味，但其中包含的与时俱进的道理却值得我们深思。

三季稻不如两季稻

一些地方把传统的两季稻改为三季稻，结果总产量反而减少了。从经济学的角度看，这是因为违背了一个最基本的经济规律：边际产量递减规律。

边际产量递减规律又称边际收益递减规律，最早是在18世纪由法国重农学派经济学家杜尔阁提出的。19世纪初，英国古典经济学家威斯特、李嘉图、马尔萨斯等人也提出了这个规律。马尔萨斯的人口论正是以这一规律为基础的。正因为这一规律与人口论相关，所以，当时在马尔萨斯人口论遭到彻底否定的中国，这一规律也受到最严厉、最广泛的批判。

边际产量递减规律的内容是：在生产技术没有发生重大变化的情况下，我们在短期中可以把生产要素分为固定生产要素和可变生产要素。当固定生产要素不变而可变生产要素增加时,产量的变动分为三个阶段。起初随着可变生产要素增加,由于固定生产要素得到充分利用,边际产量(即增加的产量)递增,总产量以递增的速度增加。然后,随着固定生产要素接近于充分利用,可变生产要素增加引起的产量的增加仍可以是正数,但增长率递减,这时总产量仍在增加,但速度是递减的。最后,当生产要素得到充分利用时,可变生产要素的增加反而会使边际产量小于零,总产量绝对减少。举个例子说,一个面包坊有两个烤炉为固定不变,作为可变生产要素的工人从1个增加到2个时,面包的边际产量和总产量都会增加。如果增加到3个工人,1个工人打杂,尽管这个工人增加的产量不如第2个工人(边际产量递减),但总产量仍增加了。如果增加第4个工人,面包坊内拥挤,工人之间发生矛盾,总产量反而减少了。

边际产量递减规律在各部门都存在,但在农业中最突出。三季稻不如两季稻正说明了这一点。在农业仍为传统生产技术的情况下,土地、设备、水利资源、肥料等都是固定生产要素。两季稻改为三季稻并没有改变这些固定生产要素,只是增加了可变生产要素劳动与种子。两季稻是农民长期生产经验的总结,它行之有效,说明在传统农业技术下,固定生产要素已经得到了充分利用。改为三季稻之后,土地过度利用引起肥力下降,设备、肥料、水利资源等由两次使用改为三次使用,每次使用的数量不足。这样,三季稻时的总产量就低于两季稻了。四川省把三季稻改为两季稻之后,全省粮食产量反而增加了。江苏省邗江县(现已成为扬州市邗江区）1980年的试验结果表明，两季稻每亩总产量达2014斤，而三季稻只有1510斤。更不用说两季稻还节省了生产成本。群众总结的经验是"三三见九，不如二五一十"。这就是对边际产量递减规律的形象说明。当然，如同一切规律一样，边际产量递减规律的作用也是有条件的。只有在生产技术没有发生重大变化和固定生产要素不变的情况下才正确。在长期中，如果生产技术进步或固定生产要素增加（或者说一切生产要素都是可变的），边际产量递减规律也就不起作用了，代之而起的是其他经济规律。所以，我们也不能把边际产量递减规律绝对化。

边际产量递减规律不仅对农业重要，对其他部门也同样重要。"减人增效"就是这一规律的运用。

最后一名乘客的票价

从杭州开往南京的长途车即将出发。无论哪个公司的车，票价均为50元。一个匆匆赶来的乘客见一家国有企业的车上尚有空位，要求以30元上车，被拒绝了。他又找到一家也有空位的私人公司的车，售票员二话没说，收了30元，允许他上车了。哪家公司的行为更理性呢？乍一看，私人公司允许这名乘客用30元享受50元的运输服务，显然亏了。但如果用边际分析法分析，结果则不然。

说起"边际"这个词，许多人觉得有点神秘，其实说透了，你就知道，你经常也会不自觉地用这个概念来分析问题。

经济学研究经济规律也就是研究经济变量相互之间的关系。经济变量是可以取不同数值的量，如通货膨胀率、失业率、产量、收益，等等。经济变量分为自变量与因变量。自变量是最初变动的量，因变量是由于自变量变动而引起变动的量。例如，如果研究投入的生产要素和产量之间的关系，可以把生产要素作为自变量，把产量作为因变量。自变量（生产要素）变动量与因变量（产量）变动量之间的关系反映了生产中的某些规律。分析自变量与因变量之间的关系就是边际分析法。

"边际"这个词可以理解为"增加"的意思，"边际量"也就是"增量"的意思。说得确切一些，自变量增加一单位，因变量所增加的量就是边际量。比如说，生产要素（自变量）增加一单位，产量（因变量）增加了两个单位，这因变量增加的两个单位就是边际产量。或者更具体一些，运输公司增加了一辆汽车，每天可以多运200名乘客，这200名乘客就是边际量。边际分析法就是分析自变量变动一单位，因变量会变动多少。

经济学家提出"边际"和"边际分析"的概念不是故弄玄虚，而是为了做更正确的决策。经济学家常说，理性人要用边际量进行分析就是这个道理。

我们可以用最后一名乘客的票价这个例子来说明边际分析法的用处。当我们考虑是否让这名乘客以30元的票价上车时，实际上我们应该考虑的是边际成本和边际收益这两个概念。边际成本是增加一名乘客（自变量）所增加的成本（因变量）。在我们这个例子中，增加这一名乘客，所需磨损的汽车、汽油费、工作人员工资和过路费等都无须增加，对汽车来说多拉一个人少拉一个人都一样，所增加的成本仅仅是发给这个乘客的食物与饮料。假设这些东西值10元，边际成本也就是10元。边际收益是增加一名乘客（自变量）所增加的收入（因变量）。在这个例子中，增加这一名乘客增加收入30元，边际收益就是30元。

在根据边际分析法做决策时就是要对比边际成本与边际收益。如果边际收益大于边际成本，即增加这一名乘客所增加的收入大于所增加的成本，让这名乘客上车就是合适的，这是理性决策。如果边际收益小于边际成本，让这名乘客上车就要亏损，是非理性决策。从理论上说，乘客可以增加到边际收益与边际成本相等时为止。在我们的例子中，私人公司让这名乘客上车是理性的，无论那个售票员是否懂得边际的概念与边际分析法，他实际上是按边际收益大于边际成本这一原则做决策的。国有企业的售票员不让这名乘客上车或者是受严格制度的制约（例如，售票员无权降价），或者是缺"边际"这根弦。我们常说国有企业经营机制不如私人企业灵活，这大概可以算一个例子。

边际分析法在经济学中运用极广，在以后的文章中你会看到我们还用了许多边际的概念。所以，边际这个概念和边际分析法的提出被认为是经济学方法的一次革命。在经济学中，边际分析法的提出不仅为我们做决策提供了一个有用的工具，而且还使经济学能运用数学工具。边际分析所表示的自变量与因变量之间变动的关系可以用微分来表示。由此数学方法在经济学中可以得到广泛应用。现在数学在经济学中运用十分广泛，对推动经济学本身的发展和解决实际经济问题起到了重大作用。

当然，即使不懂数学也仍然可以用边际分析法。例如，算算多上一年学（或多参加一个电脑学习班）要多花多少钱，以后又会增加多少收入。这不就是用边际分析方法思考问题吗？像经济学家一样思考并不难。把上学的边际成本与边际收益给朋友讲讲，你就有点经济学家的味儿了。

厨师不做家务

在美国时我住在美国人家里。我的房东尼克是个优秀的厨师。他的相片曾作为当地希尔顿饭店的形象印在广告上。退休后他常到许多举行"派对"（家庭聚餐）的家中主厨。他文化不高，但心灵手巧，样样精通，做家务也是一把好手。然而他除了当厨师之外，家里一切活都请人做。我问他为什么不自己做家务。他笑笑说这样合算。别看他不知道经济学，其实他的行为表明他是按经济学的一个重要原理——贸易有利于双方——行事的。

应该说，尼克无论做饭还是做家务都很麻利，他雇的小时工珍尼哪方面都不如他。但仅仅由于尼克做家务好，他就应该做家务吗？我们可以用经济学中机会成本和比较优势的概念来说明这一点。

机会成本是把资源用于一种用途时所放弃的另一种用途。对尼克来说，资源是时间。尼克做家务的机会成本是他为了做家务而放弃的当厨师的时间。或者说，是尼克做一小时家务而放弃的当一小时厨师所赚的钱。比较优势是他与珍尼相比做同一件工作的机会成本大小。

假如做同一件家务，尼克需要一小时，珍尼需要两小时。这说明尼克做家务效率高，他比珍尼有绝对优势（绝对优势是生产率的大小）。但尼克当厨师每小时工资是30美元，珍尼如果不当小时工到麦当劳店工作每小时工资为5美元。如果尼克把一小时用于做家务，他就要放弃当一小时厨师的30美元收入，即尼克做一小时家务的机会成本为30美元。珍尼在尼克家做两小时家务要放弃在麦当劳店工作两小时赚到的10美元，即珍尼做同样家务的机会成本为10美元。做同样的家务，尼克的机会成本为30美元，珍尼的机会成本为10美元。我们说，机会成本小的一方有比较优势，即在做家务上珍尼有比较优势。

现代经济社会中，贸易——无论是个人之间的贸易、一国各地区之间的贸易和国际贸易，甚至如果外星球有人的话也可以包括星际贸易——的基础不是绝对优势，而是比较优势，各方生产并出售自己有比较优势的产品或劳务，购买自己不具有比较优势的产品或劳务，各方都可以获益。这就是贸易有利于双方的原因。

以尼克和珍尼的例子来说，如果尼克以低于30美元而高于10美元的价格雇用珍尼做家务，双方都可以获利。例如，雇用珍尼做两小时家务，每小时工资7.5美元，共15美元。这样，尼克把这做家务的一小时用于当厨师可赚30美元，支付珍尼15美元后还有15美元剩余。珍尼做家务每小时比在麦当劳打工多赚 2.5 美元，共多赚 5 美元。他们各自从事自己有比较优势的事情，然后相互交换，双方收入都增加了。尼克没有学过什么机会成本和比较优势，但他实际是按这一原则办事的，他所说的"合算"其实就是我们讲的这一套道理。

过去我们习惯用互通有无来解释贸易，而且认为弱的一方在贸易中总处于劣势，强的一方总要通过贸易来剥削弱的一方，由此出发也就强调事事不求人的自力更生。这其实是一种误解。贸易中强的一方尽管生产率高，有绝对优势，但并不会在各方面都有比较优势；弱的一方尽管生产率低，没有绝对优势，但必定在某些方面有自己的比较优势。贸易不是产生于绝对优势，而是产生于比较优势。各方无论绝对优势如何，都有自己的比较优势，所以，贸易有利于双方。这也是经济全球化最终有利于各国的基本原因。

我们用的例子是两个人——尼克和珍尼。其实如果把尼克换成一个发达地区（发达国家或发达星球），把珍尼换成一个不发达地区（发展中国家或不发达星球），道理仍然相同。两个经济发展水平差别相当大的地区（国家或星球），根据比较优势所进行的贸易一定是有利于双方。对我们国内而言，开发与发展西部的关键在于发展东西部贸易。对发展中国家而言，发展经济的关键在于与世界各国贸易。

我国加入世贸组织（WTO），有利于我国和其他国家更好地利用各自的比较优势。中美双方达成中国加入世贸组织的协议之所以实现了"双赢"，就在于尽管中美双方经济发展差距相当大，但都有自己的比较优势。把美国当作尼克，把中国当作珍尼，这道理就不言而喻了。

人死画值钱

记得有一篇美国作家写的短篇小说，写的是一个画家总不得志，作品卖不出去。于是，他和朋友策划了一个骗局，宣称该画家已死，并请一些评论家对其作品进行狂轰滥炸式的赞扬。于是，这些原本卖不出去的画价格狂升，他们着实发了一笔财，但已成名的画家却无法以原来的身份生活并作画了。人死画才值钱，这并不奇怪。印象派大师凡·高生前作品无人问津，死后却卖出了天价。当然，小说中的情况实际是为钱而"死"的骗局。

设计这个骗局的人也许并不懂经济学，但他却按经济学原理策划了这场戏。价格取决于供求，要想控制价格，必须控制供求。在这个骗局中控制供求的中心是让画家死。换言之，画家之死既影响需求，又影响供给。

先来看需求。人们购买艺术品来源于两种需求：欣赏和投资，买一幅画挂在客厅或卧室里会给人一种美的享受，在为了欣赏而买画时，需求取决于购买者对画的主观评价。但人对一幅画的评价不仅取决于个人的偏好和欣赏时的感受，在很大程度上要受别人的评论，尤其是评论家的影响。一幅平常的画，被评论家（尤其是著名评论家）吹捧之后，也会引起人们的关注，提高了购买者的主观评价。从众心理在评价艺术品中相当明显。在这个骗局中先让画家"死"，然后再请评论家吹捧，这样，无疑会提高艺术品购买者对这个原本不知名的画家的关注。重新审视他的作品，给予较高的主观评价，从而对他的画的需求增加了。需求增加会使价格上升。

艺术品的另一种需求是投资。许多人购买艺术品并不是为了欣赏，而是为了保值与升值。在各种投资物品中，有价值的艺术品升值的速度最快。投资的收益在未来，所以，出于投资动机买画的欲望取决于对未来升值的预期。对艺术品的这种投资有很大的投机成分。一个画家死后，人们对其作品在艺术史中的地位及未来升值前景都是一种猜测。猜测的英文原词就有投机的含义。画家之死引起人们对其作品升值的预期，评论家则可以为这种升值的猜测火上加油。人们预期该画家的作品未来价格会上扬，这种预期使购买者增加，这就推动了它现在价格的上升。现在价格的上升又推动预期价格上升。这样的互相作用就把已死画家的作品炒到了天价。

需求的增加固然可使价格上升，但供给的增加会使价格下降。一旦供给不变,价格就只取决于需求,取决于购买者的购买欲望和购买能力。如前所述,一旦画家的画被炒热之后,现期与预期价格都上升,在那种投机气氛下,需求欲望是很强的。那些喜欢收藏艺术品的富翁和从事艺术品投机的人,购买能力也是很强的。价格狂升就有了可能。让供给不变的方法则是画家死去。所以,小说中的画家就只有"死路一条"了。物以稀为贵的原因正在于此。也正因为这个原因,这个骗局的关键是要公开宣布画家的死亡。如果在此之后再把这个画家的画毁掉一些,留下的精品会更值钱。

有人认为价格取决于物品中所包含的社会必要劳动时间,其实劳动时间是很难衡量的,简单劳动与复杂劳动的换算实际上根本不可能。在市场经济中决定价格的只能是供求。一个画家作画用的劳动是既定的,但生前不值钱,死后才值钱,这能用劳动量来解释吗?

许多已去世的画家的画卖出了天价已经司空见惯了。许多人从事这类艺术品投机(也可以称为投资),或成功,或失败。尽管这些现象看来令人眼花缭乱,其实用一个简单的供求工具就可以讲清楚。市场经济中许多物品的价格令人费解。有些有用的东西很便宜,有些无用的东西却很昂贵,有些用了大量劳动的东西不值钱,有些耗费劳动并不多的物品却价格高昂。但只要用供求关系一分析也就不是什么难题。正在这种意义上,我们学供求分析是经济学的基本工具。正如西方谚语所云:你要使一只鹦鹉成为一个经济学家,只要教会它说"需求"与"供给"就可以了。

二手汽车市场的交易

熙熙攘攘的二手汽车市场上每一辆车都油漆一新。谁都知道，有些二手汽车还相当好，而有些早该报废了。从外表上你无法判断二手汽车的质量，卖主也不会告诉你车的真相。如果真是这样的话，谁会买二手汽车呢？但二手汽车的交易量实际上相当大，这种市场是如何运行的呢？美国经济学家乔治·阿克洛夫在《"次品"市场：质量不确定性与市场机制》这篇著名论文中分析了这一问题，说明了信息不对称情况下的市场机制问题，成为信息经济学的经典之作。

在二手汽车市场上，卖者对车况了如指掌，这就是卖者拥有的私人信息。买者则对二手汽车的质量并不了解。换言之，在二手汽车市场上，买者与卖者之间的信息是不对称的。

在信息不对称情况下，卖者可以利用买者缺乏信息而把非常破旧的二手汽车经过装饰作为好的二手汽车卖出去。这就是说，拥有私人信息的一方可以以损害缺乏信息的一方为代价而获得自己的利益。这种情况被称为道德风险。

买者尽管不了解每一辆二手汽车的具体情况，但他们知道这种市场上信息的不对称性以及道德风险的存在。他们从自己的利益出发，把每一辆二手汽车都作为最破旧的车，只愿出最低的价格买二手汽车。在价格如此低时，略好一点二手汽车的车主都不愿意把自己的车拿到这种市场上卖，二手汽车市场上只有破烂不堪的汽车。这种情况被称为逆向选择。

道德风险与逆向选择问题困扰着二手汽车市场，但二手汽车市场的火爆场面说明市场已经找到一种克服信息不对称的机制。阿克洛夫正确分析了这种机制。

使信息不对称市场正常运行的关键是找出一种机制获得卖者的私人信息，并把这种信息交给买者。当买者和卖者双方信息对称时，市场就可以正常运行了。这种机制就是由中间商对二手汽车进行鉴定，并给各种质量不同的二手汽车"做记号"，即如实标出二手汽车的质量。中间商作为汽车检验专家能对二手汽车做出正确鉴定，这就获得了卖者的私人信息。在这种情况下，卖者为了卖出二手汽车也会主动提供私人信息，以减少鉴定汽车的收费。买者只要看看中间商所做的记号就可以了解二手汽车的质量，放心地论质付价购买了。

获得信息要付出成本，也会有收益。买者不会为了购买一辆二手汽车而学习汽车鉴定的知识，因为这样做的成本肯定大于收益，是非理性行为。中间商就不同了，他们学习汽车鉴定知识不是为一辆二手汽车做鉴定，而是为许多辆二手汽车做鉴定，这样就实现了规模经济。把学习所需的成本分摊到每一辆车上，必定很小，而鉴定每一辆车的收费必定高于这种成本。中间商以获取二手汽车卖者的私人信息而付出的成本远远小于出卖这些私人信息（即做记号）的收益。他们的行为是理性的，中间商也就成为一种和其他获得收入的工作一样的职业。当中间商队伍形成时，二手汽车市场的运行就和其他市场一样正常了。

中间商的出现是市场机制的产物。市场机制还保证了中间商的数量与质量。当成为中间商的成本（包括学习汽车鉴定的费用和当中间商不从事其他职业的机会成本——即所放弃的收入）小于中间商的收益时，人们会涌向这一职业。当成为中间商的成本大于中间商的收益时，已成为中间商的人也会另谋高就。当成为中间商的成本与收益相等时，中间商的数量正是市场所需要的。

市场竞争使中间商既不能骗卖者又不能骗买者，因为专业知识不精鉴定不出二手汽车的正确质量状况，或职业道德差欺骗买卖任何一方的中间商将被淘汰出局。所以，现有的中间商都能获得卖者的私人信息，并如实告诉买者。他们都是合格的中间商。那些优秀的中间商收入更高，也鼓励其他中间商认真学习汽车鉴定知识并提高职业道德。

阿克洛夫对二手汽车市场的精辟分析证明了新古典经济学关于市场机制有效的正确性。在剑桥学派的新古典经济学中，市场经济的运行是以完全信息为前提的。因此,有些经济学家以信息的不对称性来否认新古典经济学。阿克洛夫证明了,在信息不对称的情况下,市场机制仍然是有效的。无须外力干预,市场机制本身会自发产生克服信息不对称性的方法。这就是市场经济的活力所在,也是新古典经济学生命力的证明。

信子裙和大岛茂风衣

20世纪80年代中期,日本电视连续剧《血疑》曾风靡神州大地。女主人公信子和他父亲大岛茂的故事颇使不少人感动得流泪,精明的商家从中看出了市场机遇。上海一家服装厂推出了信子裙,北京一家服装厂推出了大岛茂风衣。但结果很不一样。上海的厂家大获其利,北京的厂家却亏本了。其原因在于不同消费者的不同行为。效用理论正是解释消费者行为的。

消费者购买物品是为了从消费这种物品中得到物质或精神的满足。经济学家把这种满足称为效用。满足程度高就是效用大,满足程度低就是效用小。消费者消费行为的目的是实现效用最大化。效用理论正是要说明消费者在收入与商品价格既定时如何实现效用最大化。

经济学所说的效用不同于物品本身的使用价值。使用价值产生于物品的属性，是客观的。效用是消费者消费某物品时的感受，是主观的。某种物品给消费者带来的效用因人而异，效用大小完全取决于个人偏好，没有客观标准。庄子说：子非鱼，安知鱼之乐乎？这形象地说明了效用的主观性。鱼在水中畅游是被生存所逼苦不堪言，还是悠然自得其乐无穷，只能由鱼自己的感受来决定。同样，都是根据《血疑》而开发的衣服却有不同的命运就是因为女中学生与中年男子从衣服中得到的效用不同。女中学生崇尚信子，穿信子裙可以得到极大的效用。中年男子虽然尊敬大岛茂这样的父亲，但并不以穿同样的衣服为荣，大岛茂风衣对他们并没有什么特殊效用。

消费者根据他们从物品中得到的效用来决定自己愿意支付的价格（即需求价格）。效用大，即消费者对物品主观评价高，消费者才愿意出高价。女中学生认为信子裙带来的效用大，即主观评价高，所以，愿意用高价购买，厂家当然获利。但中年男子并不认为大岛茂风衣有什么效用，即主观评价低，所以，不愿意出高价，当厂家的定价高于他们的需求价格时卖不出去，不赔才怪。

效用理论中有一个重要的规律是边际效用递减规律。边际效用是指某物品消费量增加一单位所增加的效用。边际效用递减是指随着某种物品消费量的增加，所带来的边际效用是递减的，这种现象普遍存在，被称为一个规律。这种现象从生理学上来解释就是神经元对等量外界刺激的条件反射强度随刺激次数的增加而递减。消费者物品就是提供一种刺激，神经元的反射就是满足式效用。中国人爱说，好吃不过饺子。其实让你天天吃饺子，你肯定受不了，这就是边际效用递减规律的证明。

信子裙和大岛茂风衣的故事也同样包含了边际效用递减的含义。在女中学生看来，信子裙和其他裙子不同，尽管已经有了不少其他裙子，但多买一件信子裙是买了另一件物品，不会有边际效用递减。而在中年男子看来，大岛茂风衣和其他风衣没有什么不同，如果已有一件风衣，再买一件大岛茂风衣就有了两件同样的风衣，边际效用肯定递减。这样，女中学生愿意出高价买信子裙，而中年男子甚至不愿意用同样的价格买一件大岛茂风衣。上海厂家赚、北京厂家亏就是必然的了。这里的关键是，女中学生把信子裙和其他裙子作为不同的物品，不存在边际效用递减；中年男子把大岛茂风衣和其他风衣作为同样的物品，存在边际效用递减。

效用理论是分析消费者行为的，但对企业也有意义。企业要为消费者服务，生产能给消费者带来更大效用的物品。效用取决于消费者的主观评价，企业必须研究消费者心理。一家服装企业如果总生产同一种衣服，消费者只买一件就够了。如果生产出不同式样、颜色的衣服，消费者多买几件也不会有边际效用递减，服装的销路不就增加了吗？现在市场需求不足的一个重要原因正是企业生产出了大量相同的物品，消费者买了要效用递减，谁会问津呢？在这种意义上可以说，没有卖不出的产品，只有消费者不需要的产品。这种产品就是引起效用递减的产品。

上海的厂家增加了裙子产量而没有引起边际效用递减，北京的厂家增加了风衣的产量而引起边际效用递减。其根源在于对消费者心理了解的深度不同。

我为什么不买某种报

有一份经济学方面的报纸,办得不错,内容还是颇有可读性的。但薄薄四开一张纸,居然索价1.5元,我从来不买。说真的,不是花不起这1.5元,而是觉得不值。对我这样的消费者来说,什么是值与不值呢?这就涉及消费者剩余这样一个概念。

作为一名消费者,我在买东西时对所购买的物品有一种主观评价。这种主观评价表现为我愿为这种物品所支付的最高价格,经济学上称为需求价格。决定这种需求价格的主要有两个因素。一是我感到它能给我带来的满足程度的高低,即效用的大小。二是与其他同类物品所带来的效用和价格的比较。我愿意出的最高价格并不一定等于供求双方决定的市场价格。如果我愿意出的最高价格低于市场价格,这两种价格之间的差额就称为消费者剩余。消费者剩余衡量消费者购买并消费某种物品所得到的经济福利的大小。消费者购买并消费物品是为了得到经济福利，所以一种物品给消费者带来的消费者剩余越大，即市场价格越低于消费者愿意出的最高价格，消费者越愿意购买。反之，如果市场价格高于消费者愿意出的最高价格，消费者就会认为购买该物品不值得。或者说，如果消费者剩余为负数，消费者就不会购买了。

我不买某种报就因为它给我带来的消费者剩余是负值。这种报可以看，但不是不看不行。与其他同类报纸相比，我觉得它只值0.5元，即我愿意出的最高价格是0.5元。如果它定价为0.4元（即市场价格为0.4元），两者相比，我有一毛钱的消费者剩余（我愿意出的最高价格0.5元减去市场价格0.4元），我会购买。或者，它的定价为0.5元，没有消费者剩余，我也可以勉强买。但现在它的价格为1.5元，与我愿意支付的最高价格0.5元相比，我的消费者剩余为负1元，当然不会买了。除非它的内容好到让我不读就吃不香睡不着，或者其他同类报纸办得极糟或价格上升到与它相近的水平，我愿意支付的最高价格也上升到1.5元以上，否则打死我也不买。理由很简单，不值，买了有一种挨宰的感觉。

这里要注意的是，消费者对一种物品的评价完全是主观的，所以，愿意支付的最高价格也是主观的。消费者剩余并不是实际货币收入的增加，仅仅是一种心理上满足的感觉。即使购买了消费者剩余为负的物品也不是金钱的实际损失，无非是心理上挨宰的感觉而已。

而且，对同样一种物品不同的消费者完全有不同的主观评价，所愿意支付的最高价格也不同，但在购买时支付的市场价格是相同的，因此，不同的消费者从购买同一种物品中得到的消费者剩余也不同。尽管我不买这份报纸，但仍然是有人买的。这些人的评价高，愿意支付的最高价格高于1.5元，他们购买就得到了消费者剩余。正因为如此，这份价格如此之高的报纸也还是在顽强地生存着。

据说这份报定价高的原因之一是销售量太少。其实用高定价来弥补销售量少的亏损是陷入了一种恶性循环。价格越高，卖得越少，卖得越少，越想卖高价，这岂不走上一条灭亡之路了吗？换一种思路，这类报纸替代品相当多，从而需求弹性高，如果降价，可以大幅度增加销售量，反而能走出困境，也扩大了自己的影响。

定价是企业的自由，也是这家报社的自由，我无意指责。但消费者剩余的概念不仅指导消费者理性消费，也告诉企业，定价要合理。那种"头戴三尺帽"（价格定得高高的）、"准备砍一刀"（让消费者讨价还价）的做法往往会吓倒许多像我这样胆小的消费者。

西南航空的奇迹

在美国民航业中,西南航空公司是一个奇迹。这家规模并非最大,且以国内城际间航线为主的公司创造了多项美国民航业之"最"。西南航空是自1973年以来唯一一家每年都盈利的航空公司,且利润净增长率最高。甚至在1990—1994年和"9·11"事件之后,美国民航业全行业亏损时,它仍然盈利。当许多民航公司破产时,它保持了稳定的增长率,在1991—1995年间,增长率在20%~30%,为全行业之最。它的负债经营率仅为32%,资信等级为A,是民航业中最高的。这些奇迹是如何创造的呢?

企业成功的关键在于赢得消费者,赢得消费者的主要手段之一在于低价格。西南航空成功的秘诀之一正是在于低价格政策。美国航空业有个不成文的规定,统一实行民航局批准的高票价。西南航空的成功在于打破了这个规则。它在成立之始就把投资方向转向提供永久的低价机票。该公司成功地实行了双层票价——高峰票价和低峰票价。在达拉斯到休斯敦航线上，该公司实行有赠品（1/5加仑芝华士和12年苏格兰威士忌或其他）的26美元商务票价和无赠品的13美元普通票价。商务乘客可报销，买高价票，民用乘客选择低价票。这就适应了不同乘客的需要。在周五晚上的航班甚至有10美元的票价。这种灵活而低廉的价格使西南航空赢得了消费者，立于不败之地。

西南航空的低价格政策使飞机成为真正意义上的"空中巴士"，使城际间的旅行快捷而舒适，这样经营当然客源滚滚而来，成功是水到渠成的事。

在市场竞争中，低价格是企业经常运用的手段之一。但运用低价格也有技巧，并非一"低"就灵。首先，并不是低价格一定成功，要根据市场需求来调整价格。在以品牌为核心竞争力的高端市场上，低价格是不适用的。西南航空的低价格的成功战略，在于认准了民航降价的时机。原来的民航以高端乘客为中心，但随着民航业的发展，民航必然走向大众，成为普通旅行方式。实现这一目标的方式在于降低价格。西南航空认识到这种转变的必然性而用低价格获得成功。其次，低价格要以高效率和低成本为基础。长期低于平均成本是不能成功的。西南航空能实现低价格的能力正在于它的成本与效率。这家公司想尽办法降低成本，如只给乘客提供花生和水，整个公司只有波音737飞机，降低了维修费用和飞行员的培训费用。它还充分利用机场等资源，并使航班从降落到再次起飞的时间缩短至10分钟。每个工作人员为2400名乘客服务，亦为各航空公司之最。最后，仅仅有低价格还是不行的，在低价格的同时还必须有优质服务。以降低服务水平来降低价格同样难以成功。西南航空降低的是价格，提高的是服务。该公司在行包处理、服务迅捷和顾客投诉这三方面被美国交通运输部评为"三冠王"。它的237架飞机平均寿命为7.9年，是各航空公司中最低的，它的飞机维护和飞行操作标准超过了联邦航空管理局的要求，这些使它在成立以来没有发生过重大事故。而且，该公司的机上服务极具个性化特色，这些保证了低价格战略的成功。

其实每个企业都想实现低价格、高服务质量，为什么只有西南航空实现了呢？这就在于公司的经营管理风格。该公司的风格包括："不达目的决不罢休的毅力，具有积极意义的狂放不羁，勇于标新立异，对爱的敏感，深谋远虑而富于创造性，凝聚人心的团队精神。"在我看来，这种风格包含了三点精神。第一是有一个有毅力、勇于进取，且有创新精神的领导团体。一个企业成功的关键还在于领导，这个领导不是一个人，而是一个群体。西南航空的领导团体是被称为"一群老家伙"的人。他们在对手如林的航空业中打出一片新天地，靠的是有明确的目标——"赚钱，给每位员工提供稳定的工作，并比更多的人有机会乘飞机旅行"。而且，他们为实现这一目标克服了无数困难。老人也许会保守一点，但西南航空的成功正在于摆脱传统进行创新。有这样一个领导团队，任何一个企业都可以成功。第二，明确的市场意识。一个大公司容易产生官僚主义，即内部管理的低效率和对市场的麻木。西南航空把"打破官僚主义"作为自己的口号，不仅各级管理效率提高，而且能根据市场变动及时进行调整。一个公司刚成立时能做到这一点并不难，难的是几十年坚持下来。西南航空正在于坚持了这一点而成功。第三，能激励员工的企业文化。一个企业能成功制度固然重要，但制度并不是万能的。要使每个人自觉为企业奉献，还需要一种精神。创造这种精神正是企业文化的作用。西南航空的企业文化是把公司变为一个大家庭。这个大家庭中充满了对每个人的爱、关怀和活跃的气氛。西南航空从不解雇员工，对每个员工体贴入微，甚至对已患重病无法工作的员工都极为关心。它还经常通过各种庆祝活动活跃气氛，把那些贡献一份力量的普通员工视为英雄。员工在这样的文化气氛中工作，能不努力奉献吗？

每个成功的企业都有自己独特的模式，但其中总有某些共同之处。这些共同之处值得每个企业学习、借鉴。

破窗经济

一个小流氓打破了商店的一块玻璃，逃跑了。店主无奈只好花 1000 元买一块玻璃换上。玻璃店老板得到这 1000 元收入。假设他支出其中的 80%，即 800 元用于买衣服，衣服店老板得到 800 元收入。再假设衣服店老板用这笔收入的 80%，即 640 元用于买食物，食品店老板得到 640 元收入。他又把这 640 元中的 80% 用于支出……如此一直下去，你会发现，最初是商店老板支出 1000 元，但经过不同行业老板的收入与支出行为之后，总收入增加了 5000 元。其原因何在呢？乘数原理回答了这一问题。

乘数是指最初投资增加所引起的国民收入增加的倍数。在我们的例子中，最初的投资就是玻璃店老板购买玻璃的 1000 元。这种投资的增加引起的衣服店、食品店等部门收入增加之和为 5000

元。所以乘数就是5（5000元除以1000元）。一笔投资增加所引起的国民收入成倍增加就是宏观经济学中的乘数效应。

经济中为什么会有乘数效应呢？我们知道，国民经济中各部门之间是相互关联的，一个部门的支出就是另一个部门的收入。当一个部门（如商店）支出时，另一个部门（如衣服店）收入增加，支出增加。这个部门（衣服店）的支出又变成第三个部门（食品店）的收入。第三个部门收入增加又引起支出增加。如此循环下去，一个部门支出的增加就会引起国民经济各部门收入与支出增加。最终使收入的增加是最初支出增加的倍数。

细心的读者会想到，在破窗经济中，乘数是5。为什么乘数是5而不是其他数呢？我们看到，这是因为得到收入的各部门（衣服店和食品店）都是把收入中的80%用于支出。增加的支出与增加的支出之比称为边际支出倾向（如果增加的支出是消费支出，增加的消费支出与增加的收入之比称为边际消费倾向）。乘数效应的大小取决于边际支出倾向的大小。在我们所举的例子中，当边际支出倾向为0.8时，乘数是5；如果你把边际支出倾向改为0.5，乘数就变为2。从这个事实中你可以看出，边际支出倾向越大，乘数越大。乘数是1减边际支出倾向的倒数。例如，当边际支出倾向为0.8时，1减0.8为0.2，0.2的倒数是5。当边际支出倾向为0.5时，1减0.5为0.5，0.5的倒数是2。

我们所举的破窗经济只是个例子。如果把这个例子换为财政支出增加，就可以看出乘数效应多么重要了。假定政府支出100亿元用于基础设施建设。这种支出会带动建筑、水泥、钢铁、消费品等各部门收入与支出的增加,所以,最后国民收入的增加一定大于100亿元。大于100亿元的多少倍则取决于边际支出倾向。如果这个经济的边际支出倾向是0.75,乘数为4,则财政支出增加100亿元就可以带动整个经济的国民收入增加400亿元。近年来,我国政府加大基础设施投资支出,带动整个经济走向好转,正是乘数在发挥作用。

总需求中各个组成部分的增加都有乘数效应。投资增加的乘数称为投资乘数,政府支出增加的乘数称为政府支出乘数,出口增加的乘数称为对外贸易乘数,等等。要注意的是,税收变动会引起可支配收入反方向变动,可支配收入变动又引起消费支出同方向变动,所以,也有赋税乘数。但赋税乘数与其他乘数方向不同,其乘数为负数。例如,增加税收,减少了可支配收入和消费支出,乘数效应在成倍减少国民收入中起作用,所以,乘数为负。相反,减税的乘数则为正。

其实赋税变动的乘数效应告诉我们,乘数是一把双刃剑,即支出增加时,国民收入成倍增加,支出减少时,国民收入也成倍减少。还要注意的是,乘数发生作用是有一定条件的。当支出增加时,只有在存在闲置资源(即没有实现充分就业)的情况下,乘数才能发挥作用,使民收入成倍增加。如果资源已得到充分利用(实现了充分就业),或存在个别部门短缺制约的瓶颈状态,乘数就无法发挥作用。

在宏观经济学中乘数效用是极为重要的,这一原理最早由英国经济学家卡甘提出,以后被凯恩斯采用,成为凯恩斯宏观经济理论中的一个组成部分，并解释了乘数与边际支出倾向之间的关系。当然，我们并不希望有小流氓打破玻璃所引起的乘数效应，但如果把小流氓打破玻璃换为增加一种有用的投资（如商店的扩大），乘数的原理不是完全一样吗？

假日经济的作用

在"五一""十一"、春节长假期间,外出旅游的人增加,商店里也人头攒动。于是,人们把拉动经济的希望寄托在假日带动消费上,并称之为假日经济。其实假日经济尽管很火也不过几十亿元而已,更别说假日之后还会冷落。假日经济这匹小马怎么能拉动经济这部大车呢?我们只要对消费函数理论有所了解,就能知道把经济振兴的希望寄托于假日不过是一厢情愿的南柯一梦。

经济学家认为,影响消费的因素很多,但最重要的还是收入水平。人们的消费支出与收入水平之间的关系就是消费函数。我们还可以用两个概念来说明消费函数。一个是平均消费倾向,即消费支出与收入之比。例如,一个社会收入为2万亿元,消费支出为1.5万亿元,平均消费倾向就是0.75。另一个是边际消费倾向,即增加的消费支出与增加的收入之比。例如，收入增加到3万亿元（增加了1万亿元），消费增加到2万亿元（增加了0.5万亿元），边际消费倾向就是0.5。

消费函数理论最早是凯恩斯提出的。他确定了消费支出和收入之间的关系，把收入作为影响消费支出最重要的因素，这是一个贡献。但凯恩斯主观地推测边际消费倾向递减，即随着收入增加，消费支出也会增加，但增加的消费在增加的收入中所占的比例都在减少，却是错误的。以后的经济学家研究了长期中的消费与收入关系的数据，得出的结论是，并不存在凯恩斯所说的边际消费倾向递减。在长期中，平均消费倾向等于边际消费倾向，而且是稳定的。这就是消费函数的稳定性。

经济学家不仅从数据上证明了消费函数的稳定性，而且还从理论上解释了这种现象。这些解释消费函数稳定性的理论就是宏观经济学中的消费函数理论。在各种消费函数理论中最有影响的是生命周期假说和持久收入假说。美国经济学家莫迪利亚尼的生命周期假说认为，人要从一生的角度来安排自己的消费与储蓄。人一生的消费取决于一生的收入。在不同的生命周期阶段每个人的消费与储蓄不同。一般而言，在年轻时消费大于收入，有负债；在中年时收入大于消费，有储蓄；在老年时消费又大于收入，用储蓄支付。每个人都按这种方式消费。在整个社会人口结构稳定时，消费与收入的比例就是稳定的。美国经济学家弗里德曼的持久收入假说认为，人的消费取决于持久性收入，即长期内的稳定收入。不确定的暂时性收入变动对消费并没有什么影响。在长期中，持久收入是稳定的，消费也是稳定的。这两种理论分析的角度不同，但都证明了消费函数的稳定性。

消费函数理论有助于我们深化对假日经济的认识。既然消费取决于收入而不是有没有时间消费——假日多长，那么，如果收入水平不提高，就很难增加消费了。或者说，刺激消费的方法是增加收入，而不是放假。现在我们经济中的消费不足不在于高收入者没时间消费，而在于低收入者没钱去消费。当城市中失业人口和低收入者居高不下时，放假有什么用呢？应该特别强调的是，农村人口占我国人口的绝大部分，是我们消费的主力军。自从改革开放以来，农民解决了温饱问题，这是一个巨大的进步。但由于各种原因，农民收入增加缓慢，有些地区甚至出现了农民实际收入水平下降的情况。许多人强调启动农村消费市场，但总是启而不动。其原因就在于农民收入增长缓慢。不从根本上解决低收入者，尤其是农民的收入增加问题，恐怕刺激消费无从谈起。

对于中高收入者而言，假日经济也起不到刺激消费的作用。消费函数是稳定的，即人们收入中消费的比例，从整个社会来看是稳定的。假日经济消费并没有增加总消费或提高边际消费倾向，只是改变了消费的方式和时间而已。假日出去旅游的人以旅游这种形式的消费支出增加了，很可能要减少其他消费。例如，少买几件时尚服装，少去几次饭店，或推迟购车计划。商店更多遇到的情况是，节假日人头攒动，销售额猛增，但节假日过后冷冷清清，平均起来并没有什么增加。假日期间消费增加仅仅是消费方式不同和季节性变化，对整体经济并没有什么影响。在国外，圣诞节也是消费高峰，有些地方，圣诞节的购物要占一年购物的 1/3 左右。但绝没有什么圣诞节经济之说，也没有人希望由圣诞节经济去拉动经济。

在宏观经济中，消费函数的稳定性有两点重要的含义。一是消费函数的稳定性是经济稳定的重要因素。就发达国家的情况而言，消费支出在总需求中占 2/3 左右。这就使经济能基本保持稳定，即使发生衰退也有底线，因为无论如何衰退，人们还要保持稳定的消费。例如，在美国 1991—1992 年的衰退中，消费支出并没有减少。这种消费的稳定性使经济衰退不太严重，并能较快地从衰退中复苏。二是消费函数的稳定性使得刺激消费来带动经济增长较为困难。在总需求中，波动最大的是投资。因此，使经济走出衰退或实现繁荣的关键不是刺激消费而是刺激投资。总把刺激消费、寻找新的消费增长点作为拉动经济的主力，甚至寄希望于什么莫须有的假日经济，有点走入了误区。

当然，我的意思并不是说不发展假日经济，更不是反对放长假，只是认为不要扩大假日经济对刺激整个经济的作用，把假日经济神化。

正如消费函数理论所指出的，消费主要取决于收入，但这种收入并不是现期收入，而是一生的收入或持续 3 年以上的固定持久收入。决定一生收入或持久收入的是未来收入的预期。这就是说，人们的收入预期越稳定，消费支出越多。

当火车驶过农田的时候

20世纪初的一天,列车在绿草如茵的英格兰大地上飞驰。车上坐着英国经济学家A.C.庇古。他边欣赏风光,边对同伴说:列车在田间经过,机车喷出的火花(当时是蒸汽机车)飞到麦穗上,给农民造成了损失,但铁路公司并不用向农民赔偿。这正是市场经济的无能为力之处,称为"市场失灵"。

将近70年后,1971年,美国经济学家乔治·斯蒂格勒和阿尔钦同游日本。他们在高速列车(这时已是电气机车)上想起了庇古当年的感慨,就问列车员,铁路附近的农田是否受到列车的损害而减产。列车员说,恰恰相反,飞速驰过的列车把吃稻谷的飞鸟吓走了,农民反而受益。当然铁路公司也不能向农民收"赶鸟费"。这同样是市场经济无能为力的,也称为"市场失灵"。

同样一件事情在不同的时代与地点结果不同。两代经济学家的感慨也不同。但从经济学的角度看，火车通过农田无论结果如何，其实说明了同一件事：市场经济中外部性与市场失灵的关系。

外部性又称外部效应，指某种经济活动所产生的对无关者的影响。这就是说，这种活动的某些成本并不由从事这项活动的当事人（买卖双方）承担，而由与这项活动无关的第三方承担，这种成本被称为外在成本或社会成本。同样，这种活动的某些收益也不由从事这项活动的当事人获得，而由与这项活动无关的第三方获得，这种收益被称为外在收益或社会收益。在前一种情况下，称为负外部性；在后一种情况下，称为正外部性。

列车对农田的影响就是存在外部性的情况。在庇古看到的情况下，铁路公司列车运行对农业生产带来的损失并不由铁路公司和客户承担，而由既不经营列车又不用列车的农民承担，即存在负外部性，有外在成本或社会成本。类似这种情况的还有化工厂、造纸厂对河流或空气的污染，吸烟者对环境和非吸烟者的危害。

在斯蒂格勒和阿尔钦所看到的情况下，列车运行在客观上起到了"稻草人"的作用，给农业生产带来好处。但铁路公司并不能对此收费，利益由与列车运行无关的农民无偿获得。这就存在正外部性，有外在收益或社会收益。类似的例子如养蜂人到果园放蜂采蜜，同时免费为果园实现了授粉，果园主不用交费。大学培养出人才，这些人才对经济增长所做出的贡献由全社会分享。

根据经济学原理，每个人都为自己的利益最大化从事经济活动，通过价格的协调实现了社会资源配置的最优化。这就是市场机制可以实现经济效率的观点。但是，在存在外部性时，这种市场机制完善性的观点遇到了挑战。

在不存在外部性时，生产者为了利润最大化进行生产，消费者为了效用最大化进行消费。当价格调节使供求相等时，生产者实现了利润最大化，消费者也实现了效用最大化，即整个社会就实现了经济福利最大化。但当存在外部性时，情况就不是这样了。

当与某项经济活动相关的双方都实现了最大化时，却给第三方带来了成本和收益。使供求相等的价格决定的资源配置并不等于整个社会经济福利的最大化。因为在有负外部性的情况下，生产者的成本（私人成本）加外在成本（社会成本）大于消费者的收益。在有正外部性的情况下，消费者的收益（私人收益）加外在收益（社会收益）大于生产者的成本。这两种情况都是没有使社会经济福利达到最大化，或资源配置最优化。价格的自发调节没有实现资源配置最优化就是经济学家所说的市场失灵。换句话说，在存在外部性的情况下，价格起不到应有的作用。正如有磁铁影响时，指南针无法指出正确的方向一样。

回到铁路公司的例子。在有外部性的情况下，由铁路公司和客户双方供求决定的价格，不能使资源配置最优化。这就是说，这时列车运行的次数并不能使社会经济福利最大化。在庇古所看到的负外部性情况下，通过税收提高运费，并把税收补贴给农民，减少运行会更好地消除不利影响。在斯蒂格勒和阿尔钦看到的正外部性情况下，通过补贴降低运费，增加运行会增加有利影响。

当外部性引起市场失灵时，经济学家的任务就是设计出消除市场失灵的办法。

经济学家话灯塔

经济学家对灯塔一直情有独钟。19世纪英国经济学家 J.S. 穆勒指出，虽然海中的船只可以从灯塔的指引而得益，但若要向他们收取费用，就办不到。除非政府用强迫抽税的方法，否则灯塔就会因无利可图，以致无人建造。稍后一点的另一位英国经济学家西奇威克发展了穆勒的观点，认为在像灯塔这种情况下，以市场收费来鼓励提供服务的观点是大错特错的，因为这些服务为社会需要而又无法收费。20世纪剑桥学派最后一位代表 A.C. 庇古则以灯塔说明了市场失灵。萨缪尔森也有类似观点。

灯塔之所以为经济学家津津乐道，就在于它是一种不同于一般物品的公共物品。我们所用的一般物品属于私人物品，其特征是具有消费的排他性和竞争性。排他性指可以有效地禁止别人消费，竞争性是一个人消费了其他人就不能消费或要少消费。例如，一个苹果如果是你的，法律就保证了你的所有权，不得到你的允许，别人无法享用，这就是排他性。你吃了这个苹果，别人就无法吃，或者要少吃这一个，这就是竞争性。公共物品则具有非排他性和非竞争性。例如灯塔，你无法排除没有为灯塔交钱的人利用它导航，这就是非排他性，同时一个人利用灯塔也不会减少其他人的利用，这就是非竞争性。像立法、国防、基础科学研究这类东西都属于公共物品。

具有排他性和竞争性的私人物品，消费者通过购买而获得，从而有市场价格，生产者提供这类物品有利可图，价格调节可以实现供求双方都有利的市场均衡。市场经济可以提供充分的私人物品，但公共物品具有非排他性和非竞争性，不用购买也可以消费。这种不用购买也可消费的行为被经济学家称为"搭便车"。因此，公共物品没有市场价格，生产者提供这种物品无利可图，市场经济无法提供充分的公共物品，这就是庇古所说的市场失灵，即市场机制在解决公共物品的搭便车问题时是无能为力的。

像立法、国防、基础科学研究这类公共物品是任何一个经济都不能缺少的，是社会维持正常运行和经济发展所必需的。所以，庇古从市场失灵中得出的一个重要结论就是需要政府干预。这也是经济学家谈论灯塔问题的第一个结论。政府解决公共物品的方法是向居民强制征税，并用这些税收来购买公共物品。对整个社会来说，公共物品并不是免费午餐，因为是用公民交纳的税收来购买并提供的。对那些交不起税的低收入者和逃税的违法者而言，他们是享受了免费午餐，但他们的午餐费实际是由别人代交的。这正如别人请你吃饭不用你拿钱，但这顿饭本身并非免费午餐一样。

穆勒、西奇威克、庇古这些经济学家谈论灯塔是要说明市场失灵及市场经济离不开政府。即使是在亚当·斯密的古典式自由市场经济中，市场也不是万能的，公共物品只能由政府来提供。当然，庇古等人并没有明确提出公共物品的概念，这个概念是由美国经济学家萨缪尔森提出的。萨缪尔森指出，公共物品有利于整个社会，作为一种公共事业就不应该收费。维持这种公共事业的费用来自税收。

还有一些经济学家以此为基础说明了，向不同收入的人征收不同的税收，即实行累进税制，是合理的。从某种意义上说，富人享受的公共物品多，从中获益大，应该多纳税。例如，对一个百万富翁来说，国防保护了他的性命与全部家产，对一个一无所有的穷人来说，国防仅仅保护了他一条命而已。富人从国防中受益大，应该纳税多，这是税收的受益原则。从另一种意义上说，富人的财富来自社会，也应该多做贡献，请穷人吃一顿国防的免费午餐，这也是税收的能力原则。

但是，政府提供公共物品往往引起低效率，于是有一些经济学家从另一个角度谈论灯塔。产权理论的奠基人美国经济学家科思在1974年发表的《经济学上的灯塔》中，根据对英国早期灯塔制度的研究反驳了私营灯塔无法收费的观点。他证明了，即使是灯塔这样的公共物品也是可以实现私有化成为私人物品的。这样就可以消除政府提供灯塔这类公共物品的低效。香港的经济学家张五常也发表了这一观点。当然,并非所有公共物品都可以私有化,但对于那些在一定条件下可以具有排他性的公共物品(如设收费站的高速公路就有排他性),通过产权明确由私人提供也未必不是一种思路。

灯塔这种物品引起了经济学家关于公共物品的一系列争论。到现在为止,公共物品问题也没有得到完全解决,所以,有关灯塔的话题还会继续下去。

货币不只来自印钞厂

人们一般认为货币来自印钞厂，由中央银行发行，中央银行发行1元钞票，流通中就有1元的货币。其实这又是一种误解。流通中的货币一定大于中央银行发行的货币，这个多余的量来自商业银行创造的货币。但你千万别把银行创造货币理解为它们在密室中印假币。银行是通过正常的存贷款业务创造货币的。这里我就为你揭开银行创造货币的秘密。

要知道银行如何创造货币，首先要记住这样三个事实：第一，货币不仅包括现金（纸币与辅币），而且包括银行（及其他金融中介机构）的存款。印钞厂创造的是货币中的现金，银行创造的是存款。这两者都是货币。第二，银行吸收存款并发放贷款。得到贷款的客户一般并不是取走现金，而是把贷款作为存款存入银行,以开支票或转账形式进行各种支付。存款变为贷款,贷款又变为存款。正是在这个不断重复的过程中,银行创造出了货币。第三,银行创造货币的能力不是无限的,要受准备率的限制。准备率是银行吸收的存款中作为准备金留下的比率。准备金可以是库存现金,也可以存在中央银行。

我们用一个例子来说明银行如何创造货币。假设中央银行在公开市场上买进了100万元的政府债券。向中央银行出卖这笔债券的李先生得到了这100万元的货币(得到了中央银行开出的一笔100万元的支票),李先生把这笔钱存入自己的开户银行A银行。A银行的存款增加了100万元,即流通中的货币增加了100万元。

假设准备率是10%。A银行得到这100万元之后,把其中的10%,即10万元作为准备金,并把剩下的90万元贷给王先生。王先生得到这张90万元的支票(贷款),把它存入自己的开户银行B银行。B银行的存款增加了90万元,流通中的货币增加到190万元(A银行100万元加B银行90万元)。

B银行得到这90万元之后,把其中的10%,即9万元作为准备金,并把剩下的81万元贷给刘女士。刘女士得到这张81万元的支票(贷款),把它存入自己的开户银行C银行。C银行的存款增加了81万元,流通中的货币增加到271万元(A银行100万元加B银行90万元再加C银行81万元)。

这个存贷款的过程会一直持续下去,只不过每一轮所创造出的贷款会越来越少。那么,最后整个银行体系的存款,即经济中的货币会增加多少呢?如果你耐心算下去,你会发现最后的存款总和是1000万元。这就是说,当中央银行通过公开市场购买增加了100万元货币时,流通中的货币量增加了1000万元。流通中货币增加量是中央银行通过公开市场购买增加的货币量的10倍。或者说银行创造出了900万元的额外货币。银行并没有印假币,它只是在自己正常的存贷款活动中创造出了货币。

如果你仔细观察就会发现,银行所能创造出的货币量与准备率有关。准备率越高,银行所能创造出的货币量越少;准备率越低,银行所能创造的货币量越多。如果准备率为100%,银行就创造不出额外的货币;如果准备率为零,银行就可以创造出无限的货币。在现实中,准备率不可能是100%(这样银行就无法存在了),准备金也不可能没有(这样会引起挤兑与银行破产)。所以,银行体系可以创造货币,但其创造货币的能力是有限的,取决于准备率高低。

中央银行通过公开市场所增加的货币量(这个例子中的100万元)与银行体系所创造出的流通中货币量(这个例子中的1000万元)之间的比率称为货币乘数。在这个例子中,货币乘数为10,即准备率的倒数。货币乘数的简单公式是准备率的倒数。例如,准备率为10%,货币乘数为10;准备率为20%,货币乘数为5。

当然,我们这里研究的是最简单的情况。如果考虑到现实中的许多因素,货币乘数并不是简单的准备率的倒数,而比这个数值要小。例如,假设得到贷款的人把一部分贷款作为现金提出,剩下的再作为存款存入银行,那么,货币乘数就小了,银行所创造的货币量也就少了。如果在我们的例子中,每个得到贷款的人都把10%

作为现金留下，那么，李先生出卖债券得到 100 万元，留下 10 万元现金，其余 90 万元存入银行，流通中的货币量仍是 100 万元（10 万元现金加 90 万元存款），但 10 万元现金从创造货币的过程中退出（称为货币漏出），不再参与创造货币。A 银行只得到 90 万元存款，扣除 9 万元准备金后再把其中的 81 万元贷给王先生。王先生又留下 8.1 万元，B 银行只得到 72.9 万元存款，扣除 7.29 万元准备金后再把其中的 65.61 万元贷给刘女士……如此下去，银行体系所创造出的货币量当然少了。如果你有兴趣可以自己把这个例子再算一次，最后会发现，在考虑到货币漏出时，货币乘数的公式不是准备率的倒数，而是——现金－存款比（得到的贷款中留作现金的比率）与现金－存款比及准备率之和的比率。在这个例子中，现金－存款比为 0.1，准备率为 0.1，货币乘数应该是：(1+0.1)÷(0.1+0.1)=5.5。

银行创造货币和货币乘数都是十分重要的。中央银行在控制货币量时一定要考虑这一点。例如，假设要使流通中的货币量增加 550 万元，在货币乘数为 5.5 时，中央银行只要在公开市场上购买 100 万元的债券（增加 100 万元货币）就可以了。如果真的在公开市场上购买了 550 万元的政府债券，那麻烦可大了。

X效率与军队的士气

我一直把俄国作家托尔斯泰的《战争与和平》作为人类有史以来最伟大的小说。书中不仅反映了当时的俄国现实和俄国人民的爱国主义,而且有许多颇富哲理的议论。当拿破仑大军侵犯俄国时,有人根据"规模庞大的军队必胜"这一理论预言俄国的失败。托尔斯泰则指出,一个军队的战斗力是它的士兵人数和某个未知数的产物。这个未知数就是军队的"士气"。也许是深受托尔斯泰的影响,出生于俄国的美国经济学家莱宾斯坦提出了与托尔斯泰观点类似的X效率理论。

莱宾斯坦认为,可以计量的生产要素投入并不能完全决定产量。决定产量的除了生产要素的数量外还有一个托尔斯泰所说的未知因素,即X因素。就军队的情况而言,这个X因素是士气;就企业生产而言，是其内部成员的努力程度。由资源配置最优化引起的效率称为"资源配置效率"，由这种 X 因素引起的效率称为"X 效率"。这两种效率同样都会使产量增加。

X 效率之所以存在是因为，企业是个人的集合体，企业的整体效率取决于其内部每个个人的行为。企业中的大多数人在大多数情况下并不能实现最大化行为，即不能付出自己最大的努力。个人在行为中总存在安于现状的惰性倾向。由于信息的不完全性，企业成员与企业之间的契约也是不完全契约，不可能具体地规定成员的努力程度。成员在工作中只要有机会就要按自己利益最大化而不是企业利益最大化的标准行事。例如，工作中的偷懒或不负责任。企业的内部环境和外部环境对个人的努力都有相当大的影响。内部刺激不足或人际关系紧张，外部刺激减弱，都会削弱个人的努力程度。

如果这些因素影响了企业内每个人的努力程度，企业就会出现 X 低效率的情况。莱宾斯坦认为，这种 X 低效率现象在企业中相当普遍。据他估算，欧美国家 X 低效率带来的损失不会低于国民生产总值的 5%，而垄断与关税等不完全竞争因素引起的资源配置低效率不足 1%。可见 X 低效率问题是相当严重的。

X 效率理论得出了四个结论：第一，最大化是特例，非最大化才是一般情况；第二，如果不考虑企业影响 X 效率的环境和个人行为动机，生产函数本身是没有意义的；第三，投入成本增加的百分比与产品成本增加的百分比之间并无必然联系，这就是说，当提高了 X 效率时，投入成本不变，产量成本反而减少；第四，产品价格上升减少了外部竞争的压力，这会由于 X 效率降低而引起生产成本增加。从这些结论可以看出，X 效率理论实际是对传统微观经济理论中生产理论的挑战。因为传统微观经济理论是以最大化为出发点，分析的中心是生产函数理论。

莱宾斯坦是一个著名的发展经济学家。他把 X 效率理论用于研究经济发展问题。说明了企业家在经济发展中的重要作用，引起 X 低效率的因素对经济发展的不利影响（例如，惰性的存在阻碍了劳动力流动），以及发展中国家通货膨胀、收入分配与 X 效率之间的关系等。

现代经济学家进一步从信息不完全条件下的委托－代理关系和不完全契约的角度探讨了 X 低效率的问题。解决 X 低效率的方法则在于设计一种合理的激励机制与监督机制。在托尔斯泰所说的情况下，士气来自觉悟，俄国军队尽管人数少于拿破仑的军队，但保卫祖国打败入侵者的信念使他们士气高涨。然而，正常情况下，士气或努力不能靠人的觉悟，很大程度上取决于制度。例如，实行效率工资或总经理股票期权制就是从制度上使企业员工（工人与总经理）自觉地为企业的利益而提高努力程度。X 低效率的原因尽管各种各样，但最关键的还是缺乏一套合理的制度。从这种意义上说，建立能激励人努力程度的制度也是一种极为重要的创新，即经济学家所说的制度创新。制度创新是技术创新的基础。

我国经济中，特别是国有企业中存在着相当严重的 X 低效率，或者托尔斯泰所说的"士气"不足。引起这种现象的原因仍然是制度。产权不明确、缺乏一套适用的激励与监督机制是 X 低效率的根本原因。因此，国有企业的脱困绝不仅仅是某一时期扭亏为盈，而是要有制度创新。一时的扭亏为盈，不以制度创新为基础，以后也许又会扭盈为亏。这正是 X 效率告诉我们的。

托尔斯泰的确是伟大的，他的文学创作中的许多天才形象闪烁至今，仍给我们以启迪。

周扒皮与王善人

　　读过战士作家高玉宝《半夜鸡叫》的人都不会忘记那个对长工刻薄的地主周扒皮。经历过60年代阶级斗争教育的人也知道还有另一种给长工以小恩小惠的地主,我们姑且称之为王善人。贫下中农告诉我们,其实王善人比周扒皮还坏,因为他用小恩小惠诱使长工干活儿更多,剥削也更深。今天阶级斗争的火红年代已经过去了,但从经济学的角度看,周扒皮与王善人的所作所为说明了效率工资的作用。

　　假设周扒皮与王善人各有100亩小麦,每亩产量200斤,共计2万斤,每斤小麦2毛钱,总计为4000元。在收割小麦时,每人雇用5名短工。再假设当时短工的市场均衡工资是每天1元,同时负责吃住。周扒皮支付每天1元的市场均衡工资,同时吃住很差，每人每天仅2毛钱。王善人支付高于市场均衡水平的工资，比如说，每天1.5元，同时吃住较好，每天3毛钱。这样，周扒皮雇用的短工的实际工资为1.2元，王善人则为1.8元。从表面看，当然是王善人的劳动成本高。但实际情况如何呢？

王善人支付的实际工资高，短工当然想给王善人干活儿，王善人则可以选到最好的短工。而且，在高工资的激励下，短工工作勤奋、认真。这样，12天就高质量地完成了收割工作，且没有损失。共支付实际劳动成本108元（1.8元×5×12）。周扒皮支付的实际工资低，只能从王善人招剩的短工中再选，当然素质低。尽管每晚靠学鸡叫让短工早上工，但短工出工不出力，收割不认真，结果15天才干完，且产量损失2%。周扒皮的实际劳动成本包括短工实际工资90元（1.2元×5×15），产量损失2%，即4000元×2%=80元，总计为170元。谁的劳动成本高一目了然。

为什么王善人支付的工资高，反而劳动成本低呢？用现代经济学的术语说，因为王善人支付了效率工资。效率工资是企业为提高工人生产率而支付的高于均衡水平的工资。效率工资能提高生产率，降低劳动成本的原因主要有四个。

第一，能招收到高素质的工人。由于信息的不对称性，企业并不了解工人的素质，但在支付高工资时，高素质的工人会来应聘，从应聘者中选出高素质工人的概率就高。相反，支付低工资时，高素质工人不会来应聘，所选的工人素质当然低。这就是身强力壮的短工都给王善人干活儿，找不到活的老弱病残才给周扒皮干活儿的原因。"一分钱一分货"，劳动市场也是这样。

第二，工人工作努力，效率高。给王善人打工的人无论出于感恩也好，是怕失去这份活儿也好（偷懒就要被解雇），不用半夜鸡叫也干得勤快而认真。给周扒皮干活儿的人，只要监督不到就要偷懒。

第三，工人流动性小。在现代企业中，培训过的工人效率高，培训是有成本的。稳定工人队伍有利于提高效率，减少培训成本。尽管割麦子所需培训很少，但给王善人干活儿的人不会见异思迁，而给周扒皮干活儿的人一有机会就会另谋高就。这会影响效率。

第四，工人会更健康。给王善人干活儿，吃住都好，干活儿当然有劲儿，周扒皮的工人晚上睡不好，白天吃不饱，哪有力气干活儿？

效率工资是企业激励机制的一个重要组成部分。那种认为支付低工资可以压低劳动成本的想法（如周扒皮者），实际上适得其反。

周扒皮、王善人的故事是虚构的，但美国在20世纪初就出现了王善人这样的企业家。这就是汽车大王亨利·福特。1914年，福特决定给工人支付每天5美元的工资，这是当时市场均衡工资的2倍多。当时有人说福特仁慈，有人断言福特要破产。但福特在装配线上使用了当时最好的工人，不仅没有破产，反而源源不断地生产出价格一直下降的T型汽车，利润也滚滚而来。福特称5美元工资是"我们所做的最成功的降低成本的努力之一"。这是效率工资最成功的运用。

效率工资现在得到了广泛的运用。可惜我国一些民营企业（以及某些亚洲人办的外资、合资企业）仍以压低工资、克扣工人为能事，体现了一股不合时宜的"回到周扒皮"的逆流。我想告诉这些老板，学学王善人，学学老福特。效率工资创造高效率，降低劳动成本，这才是真正的企业兴旺之路。

做蛋糕与分蛋糕

人们都向往《水浒传》中那种"大块吃肉、大碗喝酒"的大同世界。可是很少有人问一问，这大块的肉与大碗的酒是从哪里来的。水泊梁山的英雄们可以去打家劫舍，但现实中我们要实现这种大同世界只有靠发展生产。因此，收入分配不是一个孤立的问题，不能脱离对生产的影响来评价某种收入分配格局是否公平。这就是经济学家所说的做蛋糕与分蛋糕的关系。

没有蛋糕就谈不上分，没有生产的发展就无法奢谈分配的公平与否。因此，考虑问题的着眼点首先是如何做蛋糕，而不是分蛋糕。社会上各个人拥有的生产要素和能力是不同的，对做蛋糕的贡献也不同。为了鼓励把蛋糕做大，应该有一种把贡献与收入联系起来的激励机制。这就是给做蛋糕中贡献大的人多分一点。如果一开始就确定了无论贡献大小，蛋糕每人分相同的一份，那么，蛋糕就做不大了。从平等的出发点去追求"共同富裕"，其结果必然是"共同贫穷"。只有从承认不平等出发，才能最终实现"共同富裕"。判断一种经济制度优劣的标准首先不是平等而是效率，不是它的蛋糕分得平均不平均，而是它的蛋糕有多大。

回顾我们国家这些年走过的路，对这个道理会有更深的体会。改革前，我国的收入分配是较为平等的。基尼系数是衡量收入分配平等与否的一个指数，在0与1之间，基尼系数越小，收入分配越平等；基尼系数越大，收入分配越不平等。按这个标准来看，中国的收入分配是平等的。但从那个年代过来的人都记得，这种平等是以经济落后为代价的，所实现的只是共同贫穷。

改革开放这些年来，收入不平等差距的确拉大了，现在我们的基尼系数在0.36～0.42之间。我们在感叹有数千万人没有脱贫而少数富人开着宝马车到豪华俱乐部休闲时，别忘了这些年来经济的巨大发展。蛋糕做得大多了，尽管分得不均了，但每个人分到的都多了。我国人民总体生活水平的提高是有目共睹的事实。从某种意义上说，收入分配差距拉大是一种进步。只不过传统文化中"不患寡而患不均"和计划体制下大锅饭思想的结合使一些人只看到收入分配不平等，而没有看到这种不平等所引起的经济巨大发展。

这种现象不仅出现在中国，也在世界各国出现过或正是现实存在。从世界历史经验看，经济发展中都有一个先是收入差距拉大，以后又逐渐较为平等的过程。在经济发展之前，社会处于一种平等的贫穷之中。经济发展开始后，一些人或者能力强，或者有胆量，或者抓住了机遇，迅速致富，另一些人则在变革的冲击之下陷入贫困。从总体上说，这些致富的人对经济发展贡献大，贫穷下去的人也与能力弱、贡献小相关。这时贫富对立尖锐。但经济发展到一定阶段之后，随着市场经济的完善和政府采取一些收入再分配政策，收入差距会缩小。现在发达国家比发展中国家收入分配更平等正是这个原因。收入分配与经济发展的关系说明了一个简单的道理：蛋糕小时只能先让干活儿多的人多吃，他们吃得多，会把蛋糕做得更大，这时每个人分到的蛋糕也大了。如果蛋糕小时平均分配，谁还会努力做蛋糕呢？

许多人把收入分配公平理解为每个人都得到相同的收入或收入差距一定要小，这其实是一种误解。尽管不同人对分配公平的解释不同，但公平应该意味着社会正义的实现。给贡献不同的人以平等的收入是对公平的歪曲，按不同的贡献给予不同的收入才是公平。贡献小的人得到了与贡献大的人同样的收入实际是前者对后者的剥削。共同富裕也不是没有差别，各人努力程度不同，能力不同，甚至天赋也不同，要实现人人分得相同的蛋糕是不可能的，也是不公平的。共同富裕只是整个社会收入水平高，收入差距保持在一定程度之内。像水泊梁山的英雄们那样劫富济贫从某种意义上说实际是对公正的反动。

保证收入公平的原则是要保证过程的公平，即保证人人有平等竞争的机会。不少人对当前收入差距拉大的不满主要在于有些人不是勤劳致富。不是由于对蛋糕做大而多分一份，而是利用了权力或其他不正当的手段实现的。这也是由于我们的制度不完善，给了这些人可乘之机。

　　解决当前收入差距拉大决不能用劫富济贫的方法。关键要在加快经济发展的同时，给低收入者更多的能力（教育与培训）和机会，给他们以平等竞争的机会。我们应该有保证每个人基本生活的社会保险体系，但扶贫之路仍在于贫者自立。不从做蛋糕的角度去想分蛋糕，恐怕每个人分到的蛋糕会越来越少。

威尼斯商人与风险管理

在英国大剧作家莎士比亚的名剧《威尼斯商人》中，安东尼奥从事地中海贸易。由于船队遇到风浪面临破产，而被犹太富商夏洛克要求按契约规定从安东尼奥身上割下一磅肉。聪明善良的富家女鲍西亚巧妙地让夏洛克按契约割安东尼奥的肉而不许流血，从而救了安东尼奥。现代一些文学批评家从剧中分析出莎士比亚的"反犹太倾向"。我们则换个角度说明经济中的风险及防范方法。你会知道，安东尼奥要是有一点风险意识，没有鲍西亚的帮助也可以免受夏洛克割肉之威胁。

世界上的事物瞬息万变，未来是不可知的。这种特点称为不确定性。人们在不确定的条件下从事经济活动，这就产生了风险。经济学家把不确定性和风险联系在一起，但强调了这两者之间的区别。不确定性是可能出现一种以上的结果,但无法知道是哪一种结果。风险是蒙受损失的可能性,出现的可能性可以用概率来衡量。概率是从 0 到 1 之间的某个数。概率越大,某种结果出现的可能性越大。许多事件风险的概率可以根据历史资料或有关信息来估算。像安东尼奥从事的地中海贸易,可以根据历史记录判断出损失的概率,是一种有风险的事业。

在有风险的情况下,人们做决策时只能根据预期收入。我们用安东尼奥的例子来说明预期收入的计算方法。假设安东尼奥有资产 10 万元,用于无风险投资(在威尼斯办一个商店),每年可获利 3 万元。从事有风险的地中海贸易,船队安全回来可获利 10 万元,但如果船队遇风暴,则亏损 10 万元。安全回来的概率为 0.7,遇风暴的概率为 0.3,则预期收入为:10 万元 ×0.7+(—10 万元)×0.3=4 万元。一般人都是厌恶风险的,要鼓励人们承担风险,有风险时的预期收入要大于无风险时的预期收入,两者之差称为"风险贴水",即风险报酬。安东尼奥从事地中海贸易正是为了获得这 1 万元的风险贴水。

预期收入是从事风险活动时长期平均的收入,但具体到每一次,实际收入可以是 10 万元,也可能亏损 10 万元。社会还提供了其他回避风险的方法。一种是通过投机活动转移风险。当时威尼斯就有这种投机者。他们在船队从埃及出发时就预先以一定的价格把货物买下,船队顺利回来他们大赚一笔;船队遇难,他们承担损失。如果安东尼奥想转移风险,可以预先把货卖出去。假定安东尼奥的一船货值 10 万元,如顺利到达可卖 20 万元,获利

10万。安东尼奥可以在船队从埃及出发时就以15万元卖给投机者，无论船队如何，他都赚5万元。如果船队安全到达，他少赚5万元，但如船队遇险，他仍可赚5万元。投机者成功，可以不费吹灰之力赚5万元，不成功则要赔15万元。当然，莎翁不会让安东尼奥这样做，否则哪有这一场好戏呢？

转移风险的另一种方法是购买保险。保险的作用在于分摊风险。把一个人承担的风险分摊给更多人，每个人承担的风险就小了。保险是通过保险公司来进行的。保险公司存在的基础是公司与投保人都有利。一个人遇到风险的概率不大，但一旦遇上损失就很大。所以，他希望以一定的保险费来换取遇险时得到赔偿的权利。保险公司根据有关信息估算整个社会某种活动风险的概率，并以此为基础收取保险费。投保人与保险公司双方在市场上竞争的结果一定可以达到一个双方都可以接受的保险价格，这样，保险业就产生了。

世界上最早的海上保险出现在13世纪意大利的巴勒莫和热那亚。英国的海上保险出现在16世纪。在莎翁出生的16世纪中叶，英国已经有了海上保险。也许是莎翁当时还不了解保险，或许是艺术创作的需要，安东尼奥也没有以保险的形式回避风险。

安东尼奥还有另一种回避风险的形式——办股份公司。找来巴萨尼奥这帮朋友合伙从事地中海贸易，有利共享，有难同担，就没有被割肉的危险了。历史上最早的股份公司正产生于中世纪意大利从事地中海贸易的商人中。

从古至今经济活动都有风险，风险管理是一个重要问题。其原则是不要把鸡蛋放在一个篮子里，即进行多元化投资。安东尼奥把自己的所有财产，甚至向夏洛克借来的高利贷都用于地中海贸易，正是违背了这一原则。即使这次靠鲍西亚的帮助没有被割下肉（剧中是船队化险为夷的大团圆结局），以后也难免有其他危险。安东尼奥这个人胆子不小，点子不多，遇到被割肉的危险还真有点必然性。今天的企业家要避开安东尼奥那样的危险，别指望鲍西亚，也别希望莎翁给你一个人团圆。唯一的办法是学点经济学，知道怎样进行风险管理。

经济学家的破案小说

哈佛的经济学教员丹尼斯·戈森没有评上教授而自杀了，接着在评委会上投他反对票的数学教授莫里森·贝尔和文学教授福斯特·贝瑞特也被害了。人们把怀疑的目光集中在戈森的未婚妻梅丽莎·香农身上，而在被害现场还找到了香农的一只手套。但经济学教授亨利·斯皮尔曼不相信香农杀人，在哈佛的几位教授乘坐"伊丽莎白女王二号"前往欧洲途中，真正的杀人凶犯、评委会主任、人类学教授丹顿·克莱格跳海自杀，并留下了遗书——这三个人都是他杀的。

这就是三位经济学教授化名马歇尔·杰文斯所写的破案小说《致命的均衡》。与此同时，我正在读丹·布朗的《达·芬奇密码》和《数字城堡》。与布朗的破案小说相比，经济学家的书实在太小儿科了，无论是故事情节、人物形象塑造还是艺术手法都只能算是小说的初级阶段。而且，作者写小说的目的也不是"为文学而文学"，而是借破案小说这种有吸引力的文学形式来讲经济学。在这一点上，无论柯南·道尔的《福尔摩斯》，还是布朗的书，都无法同这本书相比。如果你想学经济学，这本书还是会让你入迷的，也许正因为如此，这本书被美国百余所大学经济系指定为课外必读参考书。

本书的主人公是经济学家亨利·斯皮尔曼（原型是著名经济学家、诺贝尔奖获得者米尔顿·弗里德曼）。他对案情的分析根据了经济学中最基本的原理——边际效用理论。经济学家认为，效用是人们从消费劳务与物品中得到的满足程度。其大小取决于主观感觉，即个人对物品与劳务的评价。理性人行为的目标是实现自己的效用最大化。因此，人的行为要考虑成本与收益。德国经济学家戈森提出了边际效用的两个定律，称为戈森定律（附带说一下，戈森性格古怪，终生不得志，书中的第一个被害者——未评上教授者——用的正是戈森的名字）。戈森第一定律是"如果我们连续不断地满足同一种享受，那么这同一种享受的量就会不断递减，直至最终达到饱和"。这是今天我们所说的边际效用递减规律。戈森第二定律是，人要达到效用最大，必须满足"每一种享受的量在其满足被中断时，保持相等原则"。这就是今天我们所说的边际效用相等原则。这两个定律是整个现代经济学的基础，斯皮尔曼正是根据这两个定律来分析案情的。

斯皮尔曼根据人们行为的目的是实现效用最大化而否定了香

农作案的可能，因为仅仅是给未婚夫报仇并不能实现她的效用最大化——她不具备从经济学角度看的杀人动机。戈森之所以被杀是因为他从经济学原理出发分析出了丹顿·克莱格一本重要人类学著作中捏造数字的真相，并以此威胁作为评委会主席的克莱格同意他晋升教授。他还把这一点告诉了另外两个受害人贝尔和贝瑞特。克莱格担心自己学术作弊有损声誉，就不让戈森提升，并杀害了戈森，制造他自杀的假象，然后又杀了另两个知情人。当然这些真相是克莱格在遗书中坦白的，并不是斯皮尔曼侦破的。这减少了小说的曲折性，表明经济学家还不会写小说。

斯皮尔曼的作用是根据理性人效用最大化假说，说明了戈森是如何发现克莱格造假的。克莱格的著作是对后塔克鲁兹岛上的调查。书中记载了这个岛上的货币是红色羽毛腰带，详细列举了各种物品的价格。其中山药是 4～5 条红色羽毛腰带，而最贵的独木舟是 780～1100 条。山药差价为 25%，独木舟差价为 41%。但根据经济学理论这是不可能的。山药便宜，人们对价格并不敏感，它给人带来的效用也不大，不值得花费时间去寻找最低价格，因此，山药的价格差应该很大。相反，独木舟价格高，人们对价格就敏感，而且它给人带来的效用大，值得花费时间去寻找最低价格。人们寻找最低价格的结果使全岛上独木舟价格相当接近，价格差不可能这么大。克莱格著作中列举的数字违背了经济学原理，当然是编造的。事实也的确如此。克莱格身居高位又是名教授，不想辛苦地进行认真调查，又希望著作一鸣惊人，就只有造假了。克莱格的效用最大化是维护自己的学术地位与名声，一旦此事被揭露将身败名裂。杀掉知情者符合他的效用最大化原则。这种经济学推理是破案的关键。

其实,《致命的均衡》名为破案小说,破案的内容占的篇幅并不大,更多的内容还是斯皮尔曼在生活中对经济学的介绍和运用。这些内容读起来颇为有趣,而且有助于学习和理解经济学。例如,用机会成本解释不同的人对时间的重视程度——你可以与一个事不多的人聊天气,但千万别与律师聊天气,他们的时间机会成本太高了;斯皮尔曼父亲在店里待人和蔼可亲,在家里态度粗暴是因为市场竞争的压力(在家没有人竞争他的家长地位,在店里有人竞争他的客户);斯皮尔曼购餐刀不寻找低价,购汽车定要寻找,是因为买低价车节省的钱值得付出寻找的时间;等等。斯皮尔曼处处讲经济学、用经济学,使我们可以从生活中学习经济学。这些经济学道理基本是由两位经济学家——英国的马歇尔和杰文斯——建立的,所以三位经济学家作者用了马歇尔·杰文斯的笔名。

当然,并不是所有人都能理解经济学,评委会中不同行业的教授对戈森成果的评价和投票正反映了这一点。心理学教授维勒莉·丹泽从专业角度认为人的动机是复杂的,不认为人的动机仅仅是效用最大化;社会学教授奥利弗·吴认为人并不像经济学家所说的那样精确计算成本与收益;社会学教授卡尔文·韦伯不理解消费者剩余;环保主义者、数学教授英里森·贝尔反对污染权的交易;文学教授贝瑞特不认为人只追求个人利益;等等。作者通过斯皮尔曼对这些误解做了解释。这些误解许多人都有,所以,读这本小说可以加深对经济学的理解。

告诉你真实的韩国

韩国离我们并不远,但在我心中一直是一个谜。在 20 世纪 60 年代之前,这是一个贫穷而落后的国家,但仅仅 20 年的工夫,韩国就令人刮目相看了。它经济增长的秘密是什么?现在的状况到底如何?我指导过一些韩国留学生,可惜他们太尊师,在我面前放不开,汉语、英语交流能力又差,想与他们聊聊,词不达意。读一些经济学专著,又太抽象,说来说去无非是市场化与开放。韩国在我心中始终是雾中的花、云中的山,谜一般的地方。

帮我解开这个谜的是好友詹小洪。他有机会到韩国任教一年。了解一个国家必须在这个国家与当地普通人生活一段时期,而不是走马观花地旅游或访问。小洪有了这样一个机会,了解一个国家的经济发展及现状,还必须懂经济学,从专家的角度去观察和发现这个国家内在的东西,不能像普通人的游记那样有闻必录。小洪是这样的专家。当然,最后还需要有流畅生动的文笔把自己的见闻与思考写出来,让人爱读,而且,读了有所感悟。小洪也有这样一支笔。

小洪在韩国期间以日记的形式记下了自己的见闻与思考,又写了许多文章,在国内多家媒体发表之后,颇受好评。

经济学家写日记、文章,与其他人最大的区别是,他们是从经济学的角度来观察、思考和写作的。这种专业的眼光已经成为他们的思维定式。市场上有关韩国的游记并不少,但小洪作为一个经济学家写出了自己的特色。

日记是记载个人生活琐事和感想的,但每个人日记选择记载的事情并不一样。鲁迅的日记是流水账,吴宓的日记详细得多。小洪的日记则以一个经济学家的眼光更多地记录了韩国经济与人民生活状况。比如购物时记下了各种商品的物价,并随时与国内同类商品的物价相对比,记下了与他接触的各阶层人收入和生活状况、劳资冲突及其对国内经济发展的影响,等等。这些具体而翔实的记载给我们呈现了一个活生生的韩国,使我们对韩国的经济与人民生活有了具体而生动的了解,在此基础上可以理解韩国的真实面貌。对一个国家的了解不在于统计数字,而在于无数生活细节。小洪提供的正是具体的细节。有所见、有所闻当然有所思,小洪在日记中也写下了自己的思考,这些思考其实是一种经济学分析。比如在各处记载了韩国国内工会力量强大,工资上升,成本加大,竞争力削弱,迫使企业转移到国外。由此,小洪想到东北可以利用韩资发展经济。由农产品价格高昂想到韩国保护农民，坚持农产品市场基本不对外开放。由此我理解了为什么中韩之间会就中国出口大蒜问题引发一场贸易战。

韩国与中国是近邻，文化传统都是东方的儒家文化。尽管韩国的人均GDP比中国高得多，但两国仍有一些共同问题。例如，大学教育的普及与教育费用高昂，大学生就业难，劳资冲突，在全球经济一体化背景后如何保护农民，在经济发展过程中如何保证一定程度的公正，等等。读小洪的日记，这些发生在韩国的事情引起我的关注，看来我们也要有一定的政策来化解各种矛盾与冲突。

囤积居奇新解

记得上小学时读过一本揭露奸商的书,其中印象最深的是奸商如何低价买进高价卖出,囤积居奇牟取暴利,幼小的心灵里对"囤积居奇"这个词留下了恶劣的印象。长大后知道囤积居奇与投机相关。至今在中国标准词典中这些词仍然是贬义词:"投机"是"利用时机牟取私利";"投机倒把"是"指以买空卖空、囤积居奇、套购转卖等手段牟取暴利";"囤积居奇"是投机商人为了等待时机高价出售而把货物储存起来。这些解释都引自《现代汉语词典》。说来不好意思,市场经济改革这么多年了,观念仍停在我儿时的水平上,这说明传统的力量是何等强大。

与中文相比,"投机"(speculate)的英文原意是"思索"和"推测","投机倒把"译为英文是"engage in speculation",直译出来是"进行思索或推测",一点也没有咱中文的意思了。 在经济学中,投机就是利用自己对未来的推测从事有风险性的活动,当然目的是"私利"。但"私利"并没有任何贬义,是理性人的正常经济行为目标。

先来看看跨时期投机,即我们所说的"囤积居奇"。 对农产品的需求是较为稳定的,但在不同时期供给并不同,这就引起农产品价格波动。 农业丰收时,供给大量增加,农产品价格下降;农业歉收时,供给大量减少,农产品价格上升。 囤积居奇正是在农产品价格低时大量购进,农产品价格高时大量出售,从中获利。 这种行为有风险,因为如果长期丰收,囤积者要支付保管费,而价格上不去,囤积的东西就不能居奇,而要成包袱了。 囤积者在价格低时购进,使需求增加,从而价格下降的程度会减少;在价格高时卖出,使供给增加,从而价格上升的程度会受到抑制。 这样,价格波动的幅度会减少。 如果这种投机活动是充分的、及时的,农业丰收时与歉收时的物价差应该是保管费用。 在这种农产品市场上,投机活动越多,囤积居奇的"奸商"越多,价格也越稳定。

再看看跨地区的投机,即我们所说的投机倒把,或长途贩运。 如果A地农业丰收,价格则下跌;B地农业歉收,价格则上升。 看到这种价格差的"奸商"就会从事长途贩运,从A地购买便宜的农产品到价格高的B地出售,从中获利。 这种投机活动的最后结果是A、B两地的价格差为运输费用。 国内市场的统一价格正是在这种投机活动的过程中形成的。 投机者的利正来自这种长途贩运的劳动与风险。 这种在不同市场上利用价格差进行的投机活动称为"套利"活动。在现实中，许多产品的世界价格、汇率、利率正是通过套利而得以一致，形成单一价格。

可见这两种投机在客观上起到了稳定市场、稳定价格的作用。正如美国经济学家弗里德曼所说，一个市场上投机活动越活跃，市场也就越稳定。投机活动，无论是物品市场上、外汇市场上、股票市场上、资本市场上，还是期货市场上，看起来似乎乱糟糟的，实际上最终起到稳定市场的作用。投机产生于市场经济，是市场本身自发形成的一种稳定机制。

投机活动在市场中不仅稳定了市场，减少了波动，而且也承担了风险，是分摊风险的一种有效机制。比如新的高科技企业通常在债券或股票市场上筹资。这些企业的前途并不如老企业那样稳定。购买这些企业债券或股票的人是根据"预测"进行投机，企业成功了获得作为风险贴水的报酬，失败了则要承担损失。没有这些投机者，没有股票与证券市场上的投机活动，这些企业如何起步？

投机者为稳定市场和承担风险做出了贡献，他们的活动是市场所需要的，获利有何不合理？许多人看到的是他们得到的暴利。他们的利的确高，但之所以高，无非是因为想进行投机活动的人少。人们一般是喜欢回避风险的，投机者从事常人不愿意从事的活动，收益高很正常，何况他们的部分收益还要作为可能发生的亏损的补偿呢！如果每个人都把投机作为和其他正常无风险行为同样的事，人人都去投机，暴利也就没有了。可惜在任何一个社会里愿意从事投机的人总是极少数。

时代发展到今天，对囤积居奇的旧观念真该改改了。字典上对投机及相关词汇的解释也该从市场经济的角度重新定义了。语言是有时代性的，旧的解释实际是封建社会中"重农轻商"和计划经济下"重生产、轻流通"的反映。"名不正则言不顺"，只有更新这些词的含义，更新观念，才有利于市场经济的发展。

幸运的弗里德曼

听到弗里德曼这个名字时,有人告诉我,弗里德曼此人"身材矮小,好为诡辩",他获得诺贝尔奖时,引起一场轩然大波,甚至颁奖大会上都有人抗议。以后读他的文章,他对自己观点的坚持,使人感到他个性中顽强的一面。但读过他们夫妇二人的回忆录《两个幸运的人:弗里德曼回忆录》后,这种看法全变了。弗里德曼其实是一个平和、善良的长者。

弗里德曼把回忆录命名为"两个幸运的人",这表明他对一生是满意的。他不把自己的成就归结为个人奋斗,而归结为幸运,仅仅一个题目就透出了谦虚、平和的人格。弗里德曼是战后成长起来的经济学家。当时的主流是凯恩斯主义经济学,在一片国家干预的喧闹中,独有他高举自由放任的大旗,当时的处境是可想而知的。尤其是他在1976年获诺贝尔奖之后，反对之声甚高。缪尔达尔这样的诺贝尔奖得主，也对他的学术歪曲和攻击。许多不明真相的人把当时智利皮诺切特的军人政变及以后的屠杀（其实皮诺切特使智利走上市场经济之路是功大于过的）归罪于他。在诺贝尔奖颁奖会上都有人打出反对他的横幅。但他在老年回忆这一段历史时，没有对往事的愤怨，没有对当事者的指责，只是如实地写下了事实。弗里德曼平静地回顾着这一切，没有对世人的愤怒，没有对自己的吹嘘。

一个人的成功在很大程度上取决于个人的修养。一个心胸狭窄，从"愤青"长成"愤老"的人，终究是成不了大事的。弗里德曼的成就与长寿和他的这种心态相关。读名人的传记、回忆录，首先要学的是他们的人生态度。

但为人的谦和、宽容并不等于没有原则。胡适先生是一个极为宽容的人，他的名言是"宽容重于自由"。但他在坚持自由主义传统这一原则上是寸步不让的，弗里德曼也是这样。在20世纪中，最有影响的经济学家当数凯恩斯和弗里德曼。凯恩斯在市场经济遇到严重问题时，提出了国家干预的主张，这对战后经济评论和政策产生了极大影响。但国家干预的加强也引起许多问题，面对国家干预这股强大的潮流，弗里德曼举起自由放任的大旗。他的思想被称为"对凯恩斯革命的反革命"。这些思想在20世纪80年代之后对现实经济政策产生了巨大影响。现在看来，接受弗里德曼的思想已是极自然的了，但在当时提出并接受这种思想要有多大的勇气啊！弗里德曼有自己的信念，并且坚持不懈地宣传这种信念，一个瘦小的老头身上，蕴藏了多大的毅力啊！

在学问这个层次上，弗里德曼也是极令经济学人敬佩的。1992年，他在旧金山斯坦福大学过80岁寿辰时，来自全世界的学人向他表示敬意。这种发自内心的崇敬来自他对自由主义信念的坚持，也来自他学术上的巨大贡献。他对实证方法、消费函数、货币理论与政策、浮动汇率、美国货币史等问题的研究，在经济学史上占有极其重要的地位。他的许多著作已成为千百万人阅读的经典。

研究20世纪的经济学发展与演变，研究20世纪人类社会发生的巨大变化，就不能不了解弗里德曼。已出版的弗里德曼的传记也有几种，但最可信、最有价值的，还是弗里德曼本人写的这本回忆录。这本回忆录记载了他们夫妇俩的经历、事业和家庭。只有了解这些，你才能更深刻地理解弗里德曼的观点和理论。一个人的思想和他的经历相关。这本书记录的他们学习、教学、参与政府工作和在世界各地游历的经历也是他们思想形成的基础。你读弗里德曼的著作，看到的是思想结晶，是最后的成果；但读回忆录，你看到的是这些思想形成的过程。了解了这个过程，才能更深刻地理解他的理论。

作为20世纪的经济学大师，弗里德曼交游广泛。他长期在芝加哥大学工作，这里本来就是经济学精英聚集之地。他与经济学界、政界的许多知名人士都有交往。他记录下了这些人的思想与活动，给我们留下了一份宝贵的学术口述史资料。在他的笔下，许多人物栩栩如生。例如，他写了著名经济学家保罗·道格拉斯上课时把橙子发给学生来证明边际效用递减规律；记载了道格拉斯连任 18 年美国参议员竞选失败后的心情。这对我们了解这位学者的特点提供了最珍贵的资料。我在写舒尔茨传记时,知道当时舒尔茨为维护学术自由离开了爱荷华大学,但具体细节不清楚。弗里德曼与舒尔茨是芝加哥大学的同事,他对这一事件的记叙和引用的资料,解决了我的难题。研究战后的经济学和经济学家不可不读这本回忆录。伟大人物的回忆录是一个时代真实的记录,不同的回忆录角度不同,都值得我们重视。

拯救亚当·斯密

亚当·斯密是现代经济学的奠基人，他关于市场机制的论述已成为经济学的基石。在他去世的两百多年间，一直被誉为经济学界的"至圣先师"，无人不顶礼膜拜。但是，斯密在天堂过得并不开心。从人间传递过来的信息让他觉得自己被曲解了。人们崇拜他、谈论他，如同对任何一个思想大师一样，其实并不了解他的思想真谛，只是用他的某个思想来为自己服务。他的思想体系没有了，剩下的只是实用性教条。斯密无法在天堂享受这份荣誉，于是决定借尸还魂。这就有了乔纳森 B. 怀特的《拯救亚当·斯密》。

可以把《拯救亚当·斯密》当作一本魔幻现实主义小说。其手法是魔幻的：斯密借罗马尼亚移民机械师哈罗德·蒂姆斯的身体来到美国，找到主流经济学家理查德·伯恩斯博士，向他倾诉心声。斯密之所以找伯恩斯（本书的主人公"我"）是因为伯恩斯是主流派自由主义经济学家、研究亚当·斯密的专家罗伯特·艾伦·拉迪麦尔的得意门生。而且，他正在按市场经济原则为世化公司一项有10亿美元利益的合并俄罗斯企业事宜进行研究，建立股市动态评估模型。拉迪麦尔和伯恩斯就是斯密心中歪曲他思想的经济学家。让伯恩斯这样的自由主义弟子了解他的思想体系正是斯密此行回到人间的目的。整个故事正是围绕伯恩斯和斯密在行游美国中的经历与对话展开的。

在斯密看来，后人对他的误解在于不了解他的两部著作《国富论》和《道德情操论》之间的关系。作为道德哲学教授，斯密对《道德情操论》的重视和评价远远高于《国富论》。《道德情操论》出版于1759年4月，是斯密的第一部著作，也是他倾注了最多心血的著作。斯密先后在1761、1767、1774、1781和1789年对该书进行了修改，直至1790年逝世前几个月，才出版了最后的第6版。可以说，在斯密一生的六十多年中有一半时间用于《道德情操论》的写作与修改。相比之下，《国富论》在1764年开始写作，1776年出版，1786年的第4版就是斯密生前审定的最后一个版本。这两本书的内容是有差别的。在《道德情操论》中，他从人具有的同情心出发，论述了利他主义的伦理观。在《国富论》中，他从利己的本性出发，论述了利己主义的利益观。这种矛盾在经济学史中称为"斯密之谜"。

也许在斯密心中，这两本书并不矛盾。斯密深受他的好友大卫·休谟人性论的影响，把人性作为他的出发点。斯密的研究实际是要以人性为基础构建一个符合人性的社会秩序，即他从法国重农学派那里学到的自然秩序。人性中既有动物的一面，即利己；又有天使的一面，即利他。一个符合人性的社会应该承认人利己行为的合理性，由此出发来建立自然秩序。这就是《国富论》中论述的由价格这只"看不见的手"引导市场经济秩序。斯密相信，价格可以把利己引导向有利于整个社会。但这并不是斯密的全部思想。斯密认为，人不同于动物，人有同情心，应该能适当抑制利己的本性，讲点利他精神。一个社会不能是私欲横流的社会，应该有道德规范。按斯密的解释，"道德情操"一词指人判断克制私利的能力。斯密设想的市场经济是一个有道德的市场经济，《道德情操论》一书所论述的正是利己的人如何在社会中控制自己的私利和行为，使得由利己的人构成的社会也是一个有道德的社会。由于斯密临终时烧毁了全部手稿，后人无法了解这两者之间的关系，而把利己与利人对立起来。

令斯密痛心的是，在他生前受世人重视的是《国富论》。在他死后，人们把《国富论》奉为经济学的"圣经"，把他关于利己的人受"看不见的手"引导增进了社会利益的思想作为市场经济千古不变的基本原则，作为经济学"皇冠上的明珠"，却把《道德情操论》完全忘却了。于是，市场经济缺少了道德，引发了许多罪恶，在个别地方甚至成为灾难。斯密看到自己播下的"龙种"变成"跳蚤"，在天堂也无法安宁，才借蒂姆斯之身来人间说个清楚。

斯密认为，那些嘴上说崇拜他的人，"事实上他们是把自己的观点当成我的学说来教授的"（引自《拯救亚当·斯密》）。斯密当然喜欢自由市场运作，但人们却"忽略了市场在社会中的本质"，"人类之间的重要的相互影响使人类成为一个社会，'同情'是道德行为的基础"。"市场不可能孤立于人而存在"，"一个没有人情味的市场并不意味着我们要变成没有人情味的人"。如果社会缺乏了一些基本原理，"这个文明社会就会迷失方向"。在斯密看来，人们正是没有认识到这个问题而曲解了他的《国富论》。理解市场经济，"《道德情操论》，这才是基础，是根本"。

《国富论》的全名是"国民财富的性质和原因的研究"，顾名思义，是要研究什么是财富和如何增加财富的，即如何"富国裕民"的。斯密在批判重商主义的基础上说明了分工和贸易如何增加财富，分工和交易出自人的利己心。在"看不见的手"的指引之下，利己行为引起了社会财富的增加，这正是斯密赞扬市场经济的出发点。以后的经济学家把斯密的这些思想简单地概括为三点：第一，追求财富增加是每个人和社会的目标；第二，利己是个人从事经济活动的动力，即人是经济人；第三，市场上价格这只"看不见的手"把个人利己的行为引导向有利于整个社会，即经济中的自由放任。这是现代人对斯密的理解，也是由古典经济学发展而来的主流经济学的基本原则。斯密认为这些观点是对他的曲解。他要向伯恩斯解释的正是这些问题。

一个人或一个社会追求的最终目的是幸福，财富之所以重要只是因为物质是人类社会生存与发展的基础，也是幸福的基础，但财富本身并不等于幸福。对个人来说，幸福是一种感觉，斯密认为幸福来自"心灵的平静"而不是财富。"判断一个人的贫富是根据他能负担得起多少生活必需品，能给自己多少生活中的便利和娱乐活动的程度来划分的。但是，同样的财富，同样的贫困，和一个人的幸福是没有基本的因果关系的。"只有当一个人有同情心、讲道德时，才会有内心的平静与由此而来的幸福。"金钱买不到内心平静"，当然也买不到幸福。对一个社会而言，财富的增加，即GDP的增加，也并不等于社会福利或所有人的幸福增加。斯密在《国富论》中的一段名言是："社会最大部分成员境遇的改善，绝不能视为对社会全体的不利，有大部分成员陷于贫困悲惨状态的社会，绝不能说是繁荣幸福的社会。"在与伯恩斯的交谈中，斯密又重申了这一观点。

作为人性论者，斯密是承认人的利己本性的，他也主张："对每个人而言，只要他不触犯法律，都应该享有以自己的方式追求个人利益的自由。"但斯密强调"自利"（self-interest）并不等于自私（selfishness），更不等于贪婪（greedy）。自利或利己是个人行为的出发点，而自私或贪婪会因把他人当作追求私利的手段而把社会带入"一切人对一切人的战争"。斯密肯定了人从利己出发行事的合理性，但他指责自私与贪婪带来的种种罪行。在《国富论》中，他多次严厉指责贪婪的企业主对工人的剥削和勾结起来为害他人。斯密有一段广为引用的名言是："我们每天所需的食物和饮料，不是出自屠户、酿酒商或面包师的恩惠，而是出于他们自利的打算。"斯密说把这句话解释为"自私有益，完全歪曲了该话的原意"。书中描写斯密讲这句话时"脸色变得青紫"。斯密还认为把主张利己的曼德维尔（《蜜蜂的寓言》一书的作者）和他混为一谈是错误的，他的一生都在批评"个人的罪行造就了公众的美德"。斯密强调，人还应该有同情心，有道德，懂得爱自己，也爱别人，这才是个完整的符合人性的人。

斯密的另一段名言是，每个人都只盘算个人利益，但"在这种场合下，像在其他许多场合一样，他受一只看不见的手的指导，去尽力达到一个并非他本意要达到的目的"，即社会利益。这段话是市场经济的核心，也的确促进了人类社会的繁荣。斯密认为人们引用这句话并不错，但"不能只孤立地谈《国富论》"，否则对市场经济的理解就是"只知其一，不知其二"。斯密强调"市场在社会中运作"，在一个社会中，"个人这一概念是随着相互的权力、责任和义务才形成的。道德规则不仅承认个人的尊严，也承认其社会的相互联系。如果人类基本没有接受道德规范的话，社会将崩溃"，所以，"要用善行和正义形成一个文明的社会，才能平衡这些市场"。"公正是一个社会的擎天柱"，这就是说，市场经济应该是有道德和正义的。离开了这些，市场经济会成为各种罪恶之源。换言之，只有在正义与道德规范之下，市场经济才能良好地运行，实现社会进步和人民福利增加的理想目标。

这个故事的结局是伯恩斯被说服了，在世化公司的大会上他讲了自己对市场经济的新理解，并与心爱的朱莉亚结了婚。这正是传统小说的大团圆结局。

利用小说讲经济学道理，让你在轻松的阅读中感悟到许多道理，是个好发明。读《拯救亚当·斯密》这本书时，阅读是轻松的，但让我想到了一些严肃的问题，这些问题涉及我们要建立一个什么样的市场经济，以及如何建立市场经济。不认真考虑这样一些根本性问题，市场经济改革就会走弯路，或者没有实现"共同富裕"的目标。

并不是市场经济就必定好。从历史与现实看，曾出现过各种市场经济，其中相当大一部分是坏市场经济。原始资本积累时期的市场经济是一种掠夺式市场经济——靠对海外殖民地和国内劳动人民剥削和掠夺的市场经济；东南亚国家、拉丁美洲国家和苏联东欧国家的市场经济是一种权贵市场经济——少数人凭权力侵吞国有资产而致富，多数人堕落为赤贫者的市场经济；许多国家曾经或正在形成的贫富对立的市场经济——只注意效率而忽视公平，两极分化的市场经济；一些发展中国家出现的污染性市场经济，以环境严重破坏和生态失衡为代价来发展经济的市场经济；当然还有各种半计划半市场的伪市场经济。这些都不是斯密心中的市场经济，不是好市场经济。我们追求的应该是斯密理想的既有公平，又有效率，在道德基础之上运用市场机制调节的好市场经济。好的市场经济应该是我们的目标。

当然，通向好市场经济之路也不是笔直的，在这个过程中出点偏差，甚至走了一段弯路也不奇怪，关键是要及时纠正错误。在许多发展中国家，发展经济中出现的一个偏差是把 GDP 作为一切，用增长代替社会全面的发展。其结果是环境污染、资源短缺、社会矛盾加剧。并不是说 GDP 不重要，只是说不是唯一的。斯密所强调的"财富增加不等于幸福增长"就是这个意思。读过这本书，我更感到不能把增长率作为衡量成败的唯一指标。只有追求全面、平衡，兼顾公平与效率的发展，才能逐步实现好的市场经济这个目标。

市场经济承认人利己的合理性，也要利用它来发展经济，这就体现在社会与企业激励机制的建立上。但做到这一点并不难，难的是还要人们建立起能克服自私的"道德情操"。我们目睹了金钱欲爆发之后的种种罪恶，会感到斯密称《道德情操论》比《国富论》更基本的含义：市场经济应该是一个讲道德的经济。没有诚信、同情心这些最基本的道德观念，市场经济就会引发灾难。道德的建立要靠法律和制度，也要靠教育。过去读《道德情操论》总感到斯密的道德论空洞了一些，在经历了这些年的市场经济的风云动荡之后，才感到斯密的超人之处。

按传统的思维，斯密关于市场经济的原则是主流经济学的基石，而他对自私的批评，对公正和道德的强调，则属于历来非主流经济学的思想。读完《拯救亚当·斯密》，我悟出了，斯密其实是主流与非主流经济学共同的鼻祖。不同流派的分野其实是对斯密思想解释的侧重点不同而已。我们应该把一个完整的斯密作为现代经济学的奠基人。斯密的目标是追求一个好的市场经济。在这个目标之下，主流与非主流的区别并不重要。重要的是吸取各派理论中正确的东西，为实现市场经济的目标服务。学术上不以派画线，观点不同的人相互尊重，这也是一种建立在同情心之上的道德吧！

读了《拯救亚当·斯密》，你会走近这位大师，更了解他作为一代宗师的深邃思想体系，也才能在争论《国富论》时了解斯密的良苦用心。

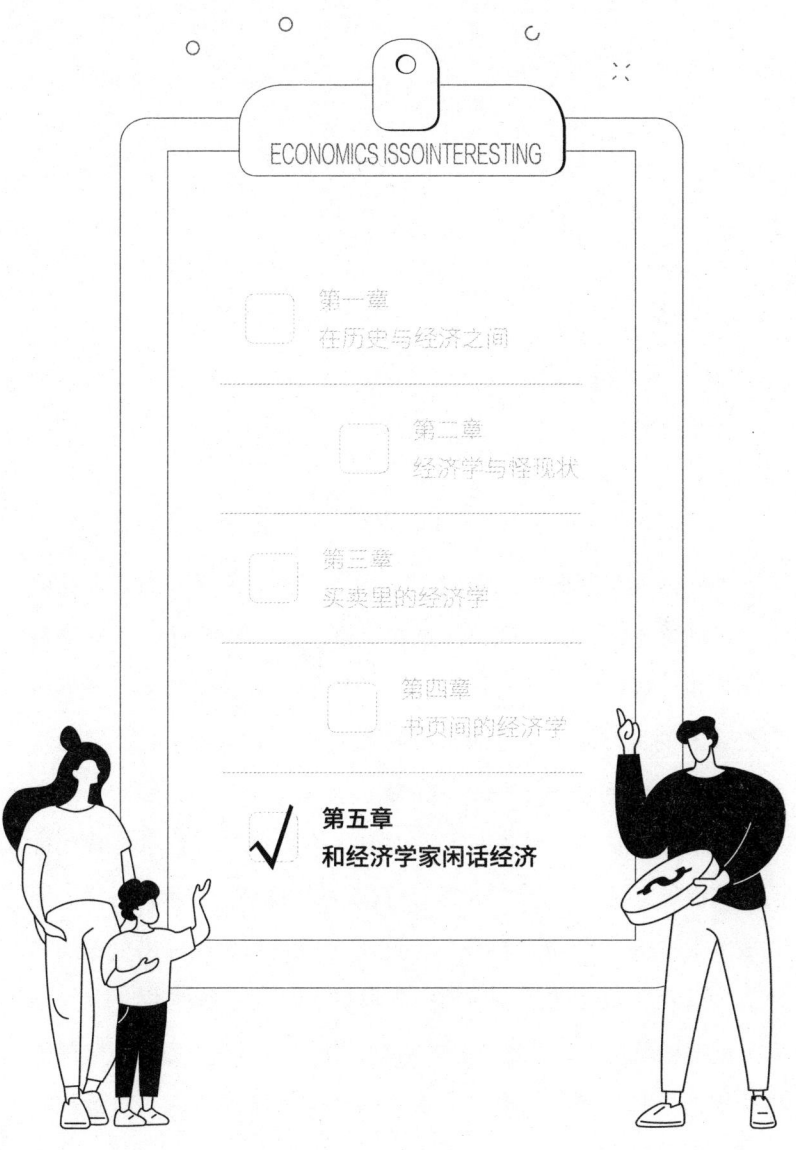

老太太买菜逛个遍

不同的人买菜的方式不同。老太太买菜一般是先把菜市场逛个遍，察看不同摊位的蔬菜质量和价格，最后择优而买。有的甚至不惜走一段路到其他市场去买。上班族则要简单得多，就近碰到合适的则买，很少花时间去逛菜摊和进行比较。从经济学的角度看，他们的行为方式都是理性的。

经济学家认为，信息是人们做出决策的基础。信息是有代价的，获得信息要付出金钱与时间，这是寻找信息的成本，可称为搜寻成本。信息也会带来收益。有更充分的信息可以做出更正确的决策，这种决策会使经济活动的收益更大，这就是搜寻收益。老太太逛菜摊就是一种寻找信息的活动，所用的金钱（如磨损鞋子所需的支出）和时间就是搜寻成本。由于对各个摊位蔬菜质量与价格信息的了解而买到更好、更便宜的菜就是搜寻收益。

人不可能得到完全信息，因为得到完全信息的成本高到不可能实现。所以，人无法做出完全理性的决策。正常情况下，人都是以有限信息为基础做出有限理性的决策。如果做出决策时不去寻找信息，做出随机决策，决策失误的概率很大，这是一种非理性行为。但如果用过多的金钱与时间去寻找信息，搜寻成本大于收益，其行为也是非理性的。如果我们把多寻找一点信息所增加的成本称为边际搜寻成本，把多获得这点信息所增加的收益称为边际搜寻收益，那么，寻找信息应该达到边际搜寻成本等于边际搜寻收益。这时就实现了经济学家所说的最大化。

不同的人买菜方式不同正在于他们的搜寻成本不同。如前所述，搜寻成本包括实际支出（鞋子磨损或坐车费）和时间。

假设实际支出可以忽略不计，搜寻成本可以用寻找信息的机会成本代表，机会成本是为寻找信息而消耗的时间的其他用处，或这种用处带来的收入。假设老太太已退休颐养天年，无事可做，她寻找信息的机会成本为零，即为寻找信息而花的时间并没有其他用处。当然，如果花的时间太多，影响了做家务、其他活动，或引起疲劳，则搜寻成本不为零了。所以，在一定合理的范围内，老太太逛菜摊买到物美价廉的菜是一种理性行为。也许逛菜摊、讨价还价还会给她带来无限乐趣呢！

上班族则不一样了。假定一个记者每小时写文章可得收入20元。如果他逛菜摊买到的菜比不逛菜摊买到的菜便宜20元（把质量也折合为价格），那么，多逛一小时菜摊，边际搜寻成本为20

元，边际搜寻收益为 20 元，他用一小时逛菜摊寻找信息就是理性的。但在一般情况下，逛一小时菜摊的收益如果没有这么多，他逛菜摊就是非理性的（当然，如果他把逛菜摊作为休息或被老婆逼着去逛，那又另当别论），所以，他总是就近到菜摊随便买一点。所省下的时间能带来的收益大于逛菜摊的收益，当然也是理性的。

也许老太太和记者都不懂经济学，也并没去计算逛菜摊寻找信息的边际成本或收益。但他们都在不自觉地按经济学的原理办事。这说明人天生是理性的。当然，如果学了经济学，自觉地按经济学原理做出决策，就会更加理性。

传统古典经济学一个暗含的假设是信息是充分的、无代价的。现代经济学否定了这一假设，这就是信息经济学的产生。比较获得信息的成本与收益是我们做任何决策的基础。个人要为自己的消费与投资寻找信息，企业要为自己的生产与营销寻找信息，政府也要为正确的政策寻找信息。信息不充分是决策失误的主要原因，许多投资错误正是事前没有去寻找信息。连老太太都知道买菜要逛菜摊寻找信息，进行十几亿投资的人却不懂信息的重要性，岂非咄咄怪事？

美国总统赚多少钱

1931 年，美国总统胡佛的年薪是 7.5 万美元；1995 年，美国总统克林顿的年薪是 20 万美元。在这近 70 年间，美国总统的工资是增加了，还是减少了？

如果仅仅从货币量来看，美国总统的工资当然是增加了。但是我们知道，在比较收入时，重要的不是货币量是多少，而是这些货币量能买到多少东西，即货币的购买力或货币的价值。

用货币量衡量的工资是名义工资，用货币的实际购买力衡量的工资是实际工资。我们在比较不同年份美国总统的工资时应该比较实际工资，而不是名义工资。

当名义工资为既定时，实际工资是由物价水平决定的，即名义工资量除以物价水平为实际工资。衡量物价水平的是物价指数，物价指数是衡量物价总水平的指标。要比较不同年份美国总统的工资，首先要知道物价指数是如何计算出来的。

计算物价指数分为四个步骤。第一，确定在计算物价指数时包括哪些物品或劳务，以及在所包括的物品或劳务中各自的重要程度（称为加权数）。第二，确定这些物品或劳务在不同年份的价格。第三，计算所包括物品或劳务总费用（或支出）的变动。在计算时各个年份物品或劳务的种类与数量是不变的，只是物价水平不同。第四，确定基年，该年物价指数为100，然后计算其他年份的物价指数。

在实际计算中所包括的物品与劳务要多得多，加权数与价格的确定也要复杂得多。在现实中，各国一般计算三种物价指数：消费物价指数、生产物价指数和国内生产总值平减指数。这里的例子是计算消费物价指数。

消费物价指数反映不同年份居民消费的物品与劳务的物价水平的变动。所包括的物品与劳务有食物、衣服、住房、交通、医疗保健、教育、娱乐等，具体名目及各种物品的加权数由统计机构根据一定的标准选定。如美国消费物价指数中选择的是城镇中等收入家庭消费最多的物品与劳务。消费物价指数根据零售物价来计算。

生产物价指数不仅包括消费品而且包括某些重要的生产资料，它在计算时依据批发物价，所以又称批发物价指数。

国内生产总值平减指数包括一国生产的所有物品与劳务，计算时可以用名义国内生产总值与实际国内生产总值之比，再乘以100。

这三种物价指数都反映出同样的物价变动趋势，但由于所包括的物品与劳务不同，依据的价格不同，计算出的具体数字并不一定完全一样。由于消费物价指数与人民生活水平变动关系更大，所以一般报刊上所用的物价指数多为消费物价指数，所说的通货膨胀率也是消费物价指数的上升率。

回到我们的问题。要比较不同年份美国总统的工资，我们就必须知道这一时期物价指数的变动。根据实际资料，以1992年为基年，消费物价指数为100，则1931年的消费物价指数为8.7，而1995年的消费物价指数为107.6，因此，物价水平上升了12.4倍。我们可以用以下方法来计算按1995年美元购买力的1931年时胡佛总统的工资：

1995年胡佛的工资=1931年的名义工资×（1995年消费物价指数÷1931年消费物价指数)=7.5万美元×(107.6÷8.7)=92.7586万美元。

同样也可以按1931年美元购买力计算1995年时克林顿总统的工资：

1931年克林顿的工资=1995年的名义工资×（1931年消费物价指数÷1995年消费物价指数)=20万美元×(8.7÷107.6)=1.617万美元。

这就是说，胡佛的实际工资是克林顿的4.6倍，克林顿的工资仅为胡佛的21%。这近70年间美国总统的实际工资大大下降了。

美国老板赚多少钱

1996年美国大企业领导人的年收入平均达到374万美元。这些收入包括固定收入（工资、社会保障费、法定福利费）、奖金和各种期限的股权、股票和股权证。在其构成中，固定收入的比例从1982年的64%下降到47%，浮动收入中远期收入的比例从16%上升到33%。这反映了美国企业家收入的两个特点：水平高以及与企业效益相关的浮动部分越来越重要。这两个特点说明了企业家在企业经营中的重要性，以及收入中的激励机制。

经济学家把企业家才能作为与劳动、资本、自然资源并列的四种生产要素之一，并强调了企业家才能的重要性。企业家不仅是生产经营的组织者，把劳动、资本与自然资源结合在一起，演了一出有声有色的生产经营活动话剧，而且更重要的是企业风险的承担者和创新者。古典经济学家如英国经济学家穆勒,更多地强调了企业家作为管理者的职能,而现代经济学家如美国经济学家熊彼特,更多地强调了企业家作为风险承担者和创新者的职能。

无论把企业家作为管理者、风险承担者还是创新者,企业家对一个企业的成功是至关重要的。企业家对企业的贡献越大,得到的收入越高,当然是应该的,但高到什么程度是由供求决定的。换言之,美国企业家的收入高不是由哪个人或政府决定的,是由市场决定的。所以,它本身并没有什么合理不合理的问题。在企业家市场上,对企业家,特别是优秀企业家的需求是极大的,但这种优秀企业家的供给是极少的。一个企业家不仅要有天赋、受过良好的教育,而且要有丰富的经验、卓越的眼光和超人的胆略。具有这种综合素质的人是极少的。千金易得,良将难求。企业家就是这样一种稀缺的要素。高需求与低供给决定了企业家的高收入水平。应该说,这种高收入反映了企业家才能的难得和对企业家贡献的肯定。

在企业家的高收入中固定收入部分的比例在下降,而浮动收入尤其是远期收入在增加。这反映了企业家收入决定中的激励机制。

企业家的固定收入一般不根据每年的效率情况而浮动,而是 3 年一定,不再进行谈判。这一部分可以看作企业家进行正常经营管理的报酬。这一部分收入与企业的业绩联系并不十分紧密,而与企业规模关系密切。如美国爱德浩公司总裁 1995 年的年薪为 37.5 万美元,而规模较大的西屋公司总裁年薪达 100 万美元。这是因为大企业的决策更为复杂,所需的知识与能力更高,承担的工作任务也更重。固定收入更多地鼓励企业家采取谨慎的投资政策,以便企业稳定,减少业绩的波动和负债的增加。

企业家的浮动收入包括奖金与股权等远期收入。奖金无论采取什么形式(例如分红制)都与企业的近期效益相关。这就鼓励企业家承担风险和进行创新。应该说,正常的经营管理只是企业家工作的一小部分,企业家与一般管理人员的重要差别就在于作为总经理或总裁,他要领导整个企业的创新活动。创新是企业获得利润的重要来源,没有创新的企业就没有活力,没有市场竞争力。创新是一种创造性活动,需要有眼光、有胆识。当然,任何一种创新活动都有风险。作为创新活动领导者的企业家自然也是风险的承担者,扩大这部分收入鼓励企业家创新和承担风险,这是一种有效的激励机制。

浮动收入中的远期收入是着眼于企业的长期效益,比如股票期权就是一种形式。期权是按现在价格购买未来东西的权利。股票期权就是在未来某个时期以现在价格购买股票的权利。如果未来股票价格上升了,这种股票期权就能给持有这种权利的人带来收益。例如,某公司2000年3月的股票价格为每股20元,给企业家在未来3年内按这一价格购买10万股的权利,如果这3年中股票价格上升到30元一股,企业家按90元购买时就获得这两者的差价共100万元。我们知道,股票价格的走势与企业业绩相关(当然还有其他因素影响),所以,给企业家以股票期权就有利于激励企业家从长期企业业绩的角度做出各种投资与创新决策,不会有有损于长期业绩的短期行为。

我们知道，当监督与激励机制不完善时，作为代理人的企业家会产生损害委托人（所有者）利益的机会主义行为。与监督机制相比，激励机制更有用，它不仅让企业家自觉地不采取机会主义行为，而且还激发了企业家的积极性与创造性。这正是美国老板收入决定中的合理之处，也是美国企业成功的重要原因。

我们不能照搬这些做法，但你从美国老板收入决定中一定会得到一些有益的启示。

身高与收入

　　姚明的个子比我高得多,收入也比我多得多。这不是调侃,不是自嘲,也不是阿Q式的自我安慰。我说的这个事实证明了经济学家发现的一个规律:身材高矮与收入相关。研究人员根据对美国和英国男性与女性的抽样调查发现,平均而言,身高每差10厘米,收入差约为10%。

　　身材高的人总被认为英俊潇洒,个子矮就难免被当作"全残废"或"半残废"。身材高矮引起的收入差别是否可归咎于社会歧视呢?

　　美国普林斯顿大学的两名学者凯斯和帕克森最近的一次研究表明,身高不同引起收入差别的主要原因不在于社会歧视,而在于身材高的人平均而言,的确比身材矮的人更聪明、更能干。决定人的身高的主要是遗传因素和后天的营养条件。营养条件对身高和以后认知能力的影响主要在自出生到3岁这一时期。这个时期孩子发育成长最快，需要摄入大量的营养。孩子幼小时所吸收的营养对他们的智力和身高都极为重要。经济发展之后，人的平均身高增加也证明了这个道理。据诺贝尔奖获得者福格尔对营养与健康之间关系的研究，从1775年到1975年的200年间，英国男人平均身高增加了3.6英寸（1英寸等于2.54厘米）。同样，从1962年到1995年，韩国男人的平均身高增加了2英寸。其实我们在现实中不用统计资料也可以知道，这一代的孩子比我们那一代都高了。

那么，身高如何影响能力与收入呢？凯斯和帕克森根据了英国的两项研究和美国的一项研究。英国的两项研究是对1958年和1970年出生的孩子进行跟踪调查，直至他们进入成年。美国的研究主要是调查身高和职业选择之间的关系。这些研究都表明，在整个儿童期，营养好的孩子，个子长得较高，认知测试中成绩明显要好得多。通俗点说，就是个子高的孩子总体上智商要高。进入成年期以后，个子高的人能够选择报酬更高的职业。个子高的男女不仅可以从事竞技体育、模特这类报酬相当高的职业，而且可以从事其他要求智商更高的职业，这类职业通常有高收入。个子矮的人爱用"浓缩的是精华"来安慰自己。从这些调查和研究来看，这话只有一点适用性，适用于拿破仑、鲁迅、萨缪尔森、弗里德曼这些人（他们的身高都在1.6米以下），但并不普遍适用。

这些研究对我们有什么意义呢？

一是有助于我们理解收入差别形成的原因。过去许多人把社会歧视作为决定收入差别的重要原因之一。例如，黑人的平均收入低于白人，妇女的平均收入低于男子，长相漂亮（或身材高大）的人平均收入高于长相一般（或个子矮小）的人，都是歧视的结果。但经济学家对此并不苟同。他们认为，从个人角度看，决定人的收入的还是能力，收入差别的根源还在于个人之间的能力差别。美国黑人收入低在于相对而言他们受的教育少（这是历史原因造成的）。妇女的收入低在过去也与受教育水平相关，现代社会中则与基于性别的社会分工相关。曾任美国国会预算办公室主任的女经济学家奥尼尔就曾指出，妇女的天性是母性，她们收入低是这种由天性决定的抚养孩子的职责妨碍了她们能力的发挥。再有能力，没发挥出来，也变不成收入。爱美是人的天性，漂亮的人机会更多，收入高不奇怪。现在又证明了，个子高表明童年时营养好，从而智商也高，能从事报酬高的职业。

我们也承认社会歧视，但社会歧视对收入差别到底有多大影响，很难从数量上加以确定。而且，社会歧视这种现象所包含的因素太多了，既有制度的，也有能力的，或者习俗的。这里有些因素，如能力引起的收入差别是合理的；有些因素，如制度引起的收入差别是不合理的；有些因素，如习俗引起的收入差别尽管不合理，在相当时期内也难以克服。笼统地用社会歧视来解释收入差别太简单化了，也无助于问题的解决。过分强调歧视对收入差别的影响，会使一些认为自己受到歧视的人失去努力的信心，把贫穷归咎于社会，不利于整个社会的和谐。

二是既然这些研究的结论是从出生到3岁之间的营养对一个

人以后的身高和认知能力影响甚大,我们就要重视这一年龄段儿童的营养,提高我们整个民族的身高。 固然不能人人都像姚明那么高,但起码可以比我高许多。 像加拿大这样的国家对每个家庭的儿童都有不同的营养补贴(称为牛奶津贴),我想用意也是在这里吧。 我们不能让穷人陷入贫穷的恶性循环,当贫穷家庭无法保证这些儿童的营养和健康时,政府该出手时就要出手。

当然,如果一些家长读了我的这篇文章,就用广告上宣传的增高器让孩子长高,给孩子服用那些有百害而无一利的增高药,甚至激素,那就绝非我的本意了。 在认识到身高与收入关系的同时,千万别忘了,身高毕竟是影响收入的诸多因素中的一个,矮个子的高收入者不也大有人在吗?一个由于遗传因素而长不高的人完全可以凭自己的努力获得高收入。 姚明是可望而不可即的,但你身边许多普通身高的成功者却可以成为你的榜样。

穷国的富人爱打高尔夫

当富国的富人常去打高尔夫球时，穷国的富人也以打高尔夫球为时尚。当一国的富人率先穿上西装时，该国的穷人也以穿西装为荣。为什么穷国模仿富国的消费方式，穷人模仿富人的消费方式呢？当这种模仿成为消费中的一个规律时，它对整体消费有什么影响呢？美国经济学家杜森贝利的相对收入假说回答了这些问题。

经济学家在分析宏观消费问题时，是从微观经济学中的消费者行为理论出发的。这种理论认为，消费者消费的目的是实现效用最大化。效用取决于个人偏好。微观经济学在研究消费者行为时假设消费者的个人偏好是既定的，不同消费者的偏好之间没有什么关系。杜森贝利认为，把消费者的偏好作为个人的事情，认为不同消费者的偏好互不影响是错误的。他正是从这一点出发提出了消费函数理论中的相对收入假说。

杜森贝利认为,消费者不是孤立的人,而是社会的人。他的效用不仅来自个人消费中物质与精神欲望的满足,而且还来自与别人消费的比较。效用是一种主观感觉,效用的大小要受到其他人消费的影响。这样,消费者的偏好就不是孤立的、既定的,而是相互影响的。

从偏好的相互依赖性出发,杜森贝利证明了消费不是取决于消费者收入的绝对水平,而是取决于收入的相对水平,即在社会收入分配格局中的相对地位。例如,一个中产阶级的人的偏好要受与自己收入相当的其他人影响。当这个阶级的其他人都购买汽车时,尽管他上下班很近无需汽车,也会受其他人偏好的影响而购买汽车,因为这象征着他的身份。使他决定购买汽车的主要因素不是他个人的偏好和收入的绝对水平,而是他在收入分配中的相对地位,即相对收入。

消费的相对收入假说得出了一些重要结论,有助于我们理解许多宏观经济现象。

根据对长期消费统计资料的研究,消费是稳定的,即平均消费倾向与边际消费倾向都是稳定的。相对收入假说对此做了解释。在长期中,国民收入增加,消费者收入也增加,但除非发生重大社会变革,收入分配格局变动很小,各个收入集团的相对地位不变。这样,长期消费函数就是稳定的。

相对收入假说得出了两个推论:示范效应和制轮效应。人要在社会上维护自己的自尊,自尊通过人的社会地位表现出来。在市场经济社会中，人的社会地位取决于收入，并通过消费表现出来。高收入集团的收入和消费方式被作为高社会地位的象征，成为成功的标志。他们的消费方式成为其他人模仿的目标。这种高收入水平者的消费方式对其他人所起的示范作用就是示范效应，在消费中榜样的力量也是无穷的。穷国的富人学习富国的富人打高尔夫球，一国的穷人模仿富人穿西装，都是示范效应的结果。

在现实中，示范效应引起某种消费时尚。在国际上富国的消费方式为其他国家模仿，成为消费时尚。在一个国家内，富人的消费方式被其他人模仿，成为消费时尚。了解消费时尚对预测需求变动是重要的。

另一方面，各个阶级的人在长期中形成与自己相对收入相称的消费习惯。这种消费习惯难以在短期内改变。因此，当短期收入减少时，人们为了保持原有的消费习惯，并不会迅速减少消费。这种消费习惯引起的消费减少慢于收入减少的现象称为制轮效应。在托尔斯泰的小说《战争与和平》中，破落的贵族宁愿借债也要保持贵族式消费的做法正是制轮效应在起作用。

现代社会中人们处于丰富的高质量商品的包围之中，这使人不断产生提高自己消费水平的冲动。同时，示范效应的存在使低收入阶级有向高收入阶级消费方式学习的冲动。这样，随着收入水平提高，消费水平也在提高。制轮效应的存在又使消费不会随收入暂时减少而下降。这不仅使消费函数稳定，而且对我们认识消费对整体统治的影响也有启发。

消费是总需求的一个重要组成部分。相对收入假说证明了消费支出与收入的比例是固定的,消费的绝对支出量在一直增加,即使经济衰退,收入暂时减少时,消费支出量也不会减少。这表明消费本身是一种稳定经济的自发机制。由于消费本身稳定性的特点,要通过刺激消费来刺激经济并不容易。

这种理论对发展中国家还有更为特殊的意义。在传统社会中,人们以节俭为美德,消费水平低下,不利于发展。在经济开始发展时,出现了一个富人阶级,他们的消费方式被作为成功的标志,成为各阶级效仿的榜样,这就带动了整个社会的消费,有利于刺激发展。

但富人的这种示范效应也是一把双刃剑。当这种消费水平超越了经济发展水平,形成超前消费时,就会减少储蓄,把本应用于发展的资源用于消费,制约了发展。拉丁美洲一些国家曾出现过这种超前消费,一些富人喝酒要法国的XO,坐车要德国的宝马。在富人带动的以消费洋货为荣的风气下,宝贵的外汇用于消费,国内消费品工业得不到刺激,产生了不利影响。

穷国的富人爱打高尔夫球并不可怕,问题是如何把富人引起的示范效应引导向有利于经济发展的方向。

彩票的另一面

在世纪之交，我国的彩票市场异常火爆，新闻媒体亦对彩票赞不绝口。我们并不否认彩票作为一种集资手段的作用，但也应该看到彩票消极的一面。这里我们从彩票对劳动供给的影响来揭开彩票的另一面。

劳动者提供劳动是为了得到工资，因此，工资水平是决定劳动供给的重要因素。更确切地说，决定劳动供给的不是名义工资，即以货币量衡量的工资，而是实际工资，即以货币购买力衡量的工资，或者说名义货币量除以物价水平。

然而，工资对劳动供给有双重影响。经济学家用替代效应与收入效应来概述工资对劳动供给的这种双重影响。劳动者每天有 24 小时，他把这些时间分配于两种活动：市场活动与非市场活动。市场活动就是从事各种有工资的劳动,即提供劳动。非市场活动包括家务、教育、休息这类无报酬的活动,我们概括为闲暇。决定把多少时间用于劳动,多少时间用于闲暇的是工资,或者说每小时的工资——工资率。

低于某一种工资率,劳动者不愿意提供劳动,一般把这种劳动者要求的最低工资率称为保留工资。在保留工资以上替代效应和收入效应对劳动供给有不同的影响。替代效应是随着工资率提高劳动者愿意用劳动来代替闲暇,即愿意更多地提供劳动,因为这时享受闲暇的机会成本,即放弃的工资收入增加了。所以,替代效应表明,随着工资率上升,劳动供给增加。收入效应是指工资率越高,劳动者收入越多。在其他条件不变的情况下,收入越高劳动者对各种物品的需求越多。闲暇也是随着工资增加需求增加的一种。收入增加引起对闲暇需求的增加,因此,工资率提高又会使劳动供给减少。

工资率上升引起的替代效应与收入效应在相反的方向对劳动供给发生作用。当替代效应大于收入效应时,劳动供给随工资率上升而增加。当收入效应大于替代效应时,劳动供给随工资率上升而减少。一般来说,在工资率开始上升时,替代效应大于收入效应。但当工资率增加到一定水平时,收入效应就会大于替代效应。对一个国家来说,经济开始发展时,替代效应大于收入效应,劳动供给增加,这也是经济发展的条件。当经济发展到一定水平时,收入效应大于替代效应,劳动供给减少,资本在生产中的作用更重要,这也是经济发展的结果。发达国家周工作时间由48

小时减少到40小时，现在欧洲又减少到35小时，正是表明收入效应大于替代效应。对个人来说，穷人的替代效应大于收入效应，富人的收入效应大于替代效应。

彩票对劳动供给的影响正在于它的收入效应大于任何工资率上升的替代效应，从而就减少了劳动供给。根据美国的研究结论，在彩票中赢得5万美元以上的人中，几乎有25%的人在一年内辞职，另有9%的人减少了工作时效，在奖金超过100万美元的人中，几乎有40%的人不再工作。

当然，在彩票中获巨奖的人毕竟是极少数幸运儿。无论收入效应多么巨大，他们对劳动供给的影响是微不足道的。问题在于彩票鼓励一种不是靠劳动致富而是靠幸运致富的心态。这种心态对社会有腐蚀作用。尤其在我们这个转型社会中，普遍的浮躁心态使人们对勤劳致富望而止步，对中彩致富朝思暮想，这有利于增加社会劳动供给吗？在北京的彩票热中，不少外地打工者、低收入者、下岗工人，不是去勤劳工作，而是把发财寄托于中彩上，成为购买彩票的主体，这说明甚至预期（但不一定得到的）收入的收入效应都大于替代效应了。

与彩票有类似影响的是遗产，遗产的收入效应也与彩票同样大。据一项研究证明，遗产超过15万美元不再工作的人数是遗产小于2.5万美元的人的4倍。其实美国的富人早就认识到这一点。钢铁大王安德鲁·卡内基早就说过："给儿子留下巨额财产的父母会使儿子的才能和热情大大丧失，而且使他的生活不如没有遗产时那样有用和有价值。"卡内基把自己的巨额财产捐给了慈善机构，并建立了卡内基基金会。许多美国富翁也把绝大部分财产捐给社会，而不是留给子孙。我想，征收遗产税的意义不仅在于"劫富济贫"，也在于创造一种勤劳致富的良好社会风尚。

随着技术进步和生产率提高，工资率上升会使整个社会的收入效应大于替代效应，劳动时间减少是一个趋势。但对我们这样发展中的社会来说，还是要警惕收入效应过早地超过了替代效应。超过合理限度的彩票和遗产一样会给社会带来某些不良影响。

涨工资不能靠发善心

梁晓声的《中国社会各阶层分析》非常畅销，也引起了不少争议。梁晓声在这本书中痛斥了"新富"们的种种丑行。他绘声绘色地讲到，有一家生产出口花被的私人企业，每条花被出口价150美元，两小老板付给工人的工资每月仅150元人民币。看了他的这段描述，我也挺动情，产生了对小老板的恨和对工人的同情。但小老板付的这种工资合理不合理呢？这就不能用感情代替理性。经济学中关于工资决定的理论才是我们分析这个问题的出发点。

按经济学家的说法，工资是劳动的价格。它也和任何一种物品与劳务的价格一样取决于供求关系。劳动市场上，工人提供劳动，这就是劳动的供给，企业雇佣劳动，这就是劳动的需求。当劳动的供给与需求相等时，就决定了市场的工资水平，称为均衡工资。因此,工资水平的高低取决于劳动的供求。

小老板支付每月150元工资是高还是低,不取决于工资的多少,而取决于供求的状况。在小老板所在的地方,农村有大量剩余劳动力,农村的收入也远远低于每月150元的水平,因此会有大量农村少女想来此找份工作。做花被(即把碎花布拼成皮面)是一种极为简单的工作,任何人都可以担任。当农村存在大量剩余劳动力时,想从事这种简单劳动的人是很多的,这就是说,劳动的供给是很大的。但当地工业并不发达,像这样生产花被的企业也不多,对这种简单劳动的需求并不大。根据供求规律,供给多而需求少,工资水平低就是正常的。小老板能以每月150元的工资雇到他所需要的工人,说明从供求关系来看,这种工资水平还是合理的。

工资低而产品价格高,小老板当然利润丰厚。但既然允许私人企业存在与发展,这种丰厚的利润也无可非议。作为企业家,小老板并不是慈善家,他办企业的目的是实现利润最大化。在产品价格既定时,增加利润只有压低成本,所以,小老板只要能雇到工人就尽量压低工资成本是一种理性行为,无可非议。美国经济学家刘易斯曾指出,在发展中国家里,当劳动供给无限时,以低工资雇佣劳动是利润的主要来源,这种利润可用于投资,对经济发展是有利的。应该说,从整个社会的角度看,小老板赚了钱或用于投资扩大生产,或用于消费刺激需求,都对社会是有利的。

当不熟练劳动供给大而需求小时,工资水平低是一个必然的经济规律。许多国家为了保护这些工人的利益,制定了最低工资法。这时,无论劳动的供求状况如何,企业所支付的工资必须等于或高于最低工资水平。在最低工资之下,劳动的供求对工资没影响,无论供给多大,工资也不能低于法定水平。只有在最低工资之上,劳动的供求才决定工资。书中所写的那个地方,如果有最低工资法,而且,如果小老板支付的每月150元低于最低工资,当然就违法了。但从书中看,当地似乎并无这一立法,小老板在不违法的情况,有权决定自己支付的工资。

每月150元的工资的确低了一点,但提高工资不能靠老板发善心。除了由政府制定最低工资法之外还有两种办法。

一是在法律允许的范围内工人组成工会。工会的目的就是提高工资水平和改善工作条件。当工会足够有力时,小老板就不能自己决定工资,而要与工会谈判共同决定工资,这时工人的工资会有提高。

二是发展经济。当经济发展需要更多的劳动力时,随着对劳动需求的增加,工资水平必然上升。当然就个别工人而言,也可以在工作之余努力学习,找到更好的工作,提高自己的工资水平。

抚养子女的机会成本

如果你问一个家长,把一个孩子抚养到大学毕业要花多少钱,他会一笔一笔地给你算。例如,每年生活费多少,教育费多少,医疗费多少,其他支出多少,等等。有人估算了一下,按北京中等生活水平大致每年要1万元,如果22岁大学毕业,抚养一个孩子约为22万元左右。这是抚养一个孩子的直接货币支出,但它是抚养一个孩子的全部成本吗?读了本文你会知道,这种算法并不全面。

经济学家认为,资源是稀缺的、有限的,把资源用于一种用途就要放弃其他用途。世界上没有免费的午餐,这就是说,你要在资源可供选择的几种用途之间权衡利弊做出选择,或者换个说法,为了得到某种东西就必须放弃其他东西。例如,你有2小时业余时间（有限的资源），可用于看一场电影或读一本书（可供选择的两种用途），为了得到看一场电影的享受就必须放弃读一本书的乐趣。经济学家把为了得到某种东西而放弃的其他东西称为得到某种东西的机会成本。

资源有多种用途，当把它用于一种用途时就要放弃其他用途，这种所放弃的用途就是用于某种用途的机会成本，或者换个说法，用资源去获得一种收入时，要放弃其他可能得到的收入，这种所放弃的收入就是获得的收入的机会成本。例如，你有一笔10万元的钱，存入银行可获利息5000元，投入股市可获利1万元。如果你把这笔钱存入银行得到5000元的利息，机会成本就是不投入股市所放弃的1万元。

在理解机会成本这个概念时要注意这样几点。第一，机会成本可以用货币来表示，但并不是实际货币支出或损失，仅仅是一种观念上的支出或损失。在上面的例子中，把钱存银行得到利息的机会成本你并没有实际支出，也不是你的钱少了。第二，当一种资源有多种用途时，机会成本是最大可能放弃的收入。例如，如果你的10万元有三种用途，各有不同收入：存银行利息5000元，投入股市收入1万元，开商店获利2万元。这时存银行获利5000元的机会成本就是2万元，而不是1万元。第三，如果资源没有多种用途，就不存在机会成本。例如，如果你的10万元只能存银行，不能投入股市、经商或其他用途，机会成本就是零。第四，其他人的活动也会给你带来机会成本。例如，你想投资于经商，但别人投资后你无法投资，他赚到2万元的机会成本是你不能赚到的

2万元。

　　机会成本是一个非常有用的概念，它有助于我们作理性决策，这就是说，当你作一项决策时，不仅要考虑得到了什么，而且还要考虑放弃了什么。比如你把钱存入银行时，不仅要想到得到了5000元利息，而且还应想到为此而放弃的经商赚到的2万元。用机会成本进行分析时，把10万元钱存入银行显然不是理性决策。经济学家说，选择或决策的原则是最大化，比较一种决策的成本与收益是确定是否最大化的方法，但在这种成本中应该包括机会成本。

　　知道了机会成本的概念，你就会明白抚养一个孩子的全部成本绝不仅仅是实际的货币支出22万元，还应该包括父母为抚养孩子所放弃的东西。换言之，抚养孩子的全部成本等于实际货币支出和机会成本。这种机会成本包括父母所付出的辛劳，以及为了抚养孩子所放弃的收入。如果说辛劳难以货币化，那么，所放弃的收入还是可以计量的。例如，一个母亲为了孩子放弃了上大学的机会，由此一生中少收入了10万元，那么，这10万元就是抚养孩子的机会成本。仅加上这一项，抚养孩子的成本就达32万元了。如果把父母为抚养孩子放弃的各种机会、所受的辛劳、所放弃的享受都折算为货币，机会成本就非常大了。

　　不同家庭希望生育的孩子数量与机会成本相关。高文化、高收入家庭的孩子少，正是因为他们抚养孩子的机会成本高。低文化、低收入家庭孩子多，也与机会成本低相关。一个当总经理的母亲和一个做家庭妇女的母亲为抚养孩子所放弃的收入，即机会成本，肯定不同。所以，提高母亲的素质，给女性提供更多更好的工作机会，会增加抚养孩子的机会成本，无疑有利于人口出生率的下降。

"谁言寸草心，报得三春晖。"这句名诗是说父母对子女恩重如山，这份恩情是无法偿还的。当然，父母抚养子女并不求回报，但做子女的孝敬父母应该是天经地义。我想这句诗每个人都不陌生，但你知道了机会成本这个概念，知道了抚养子女巨大的机会成本，是不是对这句诗理解更深刻了？

莫把教育当消费

高校大幅度扩大招生,这是一件有利于整个民族的好事。但"好经"常常被"念歪"。有人把高校扩招作为刺激消费支出、拉动总需求的手段。这种看法不仅在理论上违背经济学基本原理,而且在实践上危害甚大。

按经济学家一致的看法,教育是一种人力资本投资。人力资本是劳动者的知识、技能和健康状况。人力资本主要通过正规学校教育、工作中的职业培训以及工作经验的积累形成。用于教育、培训等形成人力资本的支出就是人力资本投资。

投资与消费不同。消费是为了获得物质或精神上的满足(经济学家称为效用)。例如,你吃一个苹果得到了满足,苹果吃完即为消费结束。投资是为了获得收益,而且收益要大于投资支出,投资才是有利的。我们接受教育主要不是为了获得效用，而是为了以后的收益，即由能力提高引起的收入增加。

人力资本的投资收益是高的，而且一直在提高。以美国为例，1976年大学毕业生的收入平均比高中毕业生高55%，1994年这一比例已提高到84%。我国脑体倒挂现象的改变，知识分子中新富的出现也证明了这一点。随着知识在经济中作用的提高，人力资本投资的高收益还会持续下去。从这个角度说，教育不是消费，而是一项有利的投资。

对整个社会而言，教育的作用主要不是增加消费支出或拉动总需求，而是增加了整个社会知识的存量，带动整个经济快速增长。在现代社会中"科技是第一生产力"，科技的发展即来源于教育，更不用说，随着大学毕业生人数增加，整个民族文化素质提高，生产率会更高，劳动力素质更高，当然经济增长更有利。

教育对增加总需求的作用十分有限。假设我们每年扩招100万人，每人每年用于上大学的支出增加5000元（包括学费、书费等支出，但不包括吃、住，因为不上大学也要吃住），也只增加50亿支出（且不考虑为增加这种支出而减少的其他支出——不少家庭为孩子上学是要减少其他消费的）。50亿在我们的总需求支出中占多大比例是一目了然的。依靠教育来拉动消费和总需求，岂非杯水车薪，缘木求鱼？

当我们把教育作为消费时其支出方式也与投资不同。消费是个人行为，其支出由个人完全承担。消费支出取决于收入，收入低上不起大学就和买不起汽车一样，没有什么不合理的。一个社会经济水平低教育不发达也就正常了。

但当我们把教育作为投资时情况就不同了。对个人来说，投资主要不取决于收入，而取决于未来的投资收益。只要投资收益高，借钱投资也是合适的。现在许多家长舍得为孩子上学花钱也正出于孩子以后收入高的考虑，这就是自觉或不自觉地把教育作为一种投资。

从整个社会的角度来看，教育这种投资的收益并不完全由个人获得。教育的收益包括个人的与社会的。个人收益是受教育以后收入的增加（以及社会地位提高这类非货币收益），社会的收益是教育对经济增长的贡献。这就是说，教育提高生产率的结果一部分由个人以高收入的形式获得，另一部分由社会以经济增长率提高的形式获得。这就是说，教育这种投资有正的外部性，能带来社会收益。

基于这种认识，教育支出应该由个人和社会共同承担，个人把钱用于教育是进行一种极有利的投资，为教育承担费用是应该的。同时教育又有社会收益，社会也应该承担部分教育支出。所以，以各种形式支持教育，增加教育支出，给学生以补助，都是应该的。一个人或一个社会，尽管现在还穷，但为了未来的收益，投资于教育也是应该的。"再穷也不能穷教育"就是这个含义。那种认为有钱才办教育的观点仍然是把教育作为消费。把教育作为投资就应该没钱借钱也要办教育。只有教育能从根本上改变一个人或一个国家的贫穷状态。

把教育作为消费是一种错误观念，这就必然引起实践上的失误。例如，如果教育是一个产业，学校是该产业中的一个企业。企业以利润最大化为原则，学校岂不就该高收费了吗？买汽车是一种消费，买不起汽车国家不会提供资助，如果教育也是消费，上不起学不也很正常吗？世界上没有一个国家把教育作为消费的，也没有一个国家要学校赚钱。

没有正确的理论就没有正确的行动，教育问题又一次说明了这个真理。

经济学家话婚姻

对于同一件事不同的专家会从不同的角度去看。以爱情、婚姻和家庭而言，文学家认为爱情是两颗心碰出的火花，婚姻成了爱情的坟墓；哲学家认为，婚姻与家庭是必然性与偶然性的统一，人要结婚是必然性，与谁结婚有偶然性，偶然性体现了必然性；社会学家认为，婚姻出于社会协作的必要，家庭是社会的细胞；政治学家认为，婚姻往往是一种政治行为，有阶级性，焦大不会爱林妹妹；生物学家把这些都看作人类繁衍的需要；经济学家则把婚姻和家庭看作理性人的一种经济行为。

经济学家认为，结婚和其他行为一样是一种不完全信息下的经济活动，在这种经济活动中，人与人之间是一种由契约制约的关系。所以，婚姻是一种不完全信息下的契约关系。婚姻双方都有自己的私人信息（对各自个性的了解），恋爱中各自都有意无意地掩盖对自己不利的信息，公布甚至夸大对自己有利的信息。双方信息的不对称性是婚姻不稳定的基本原因。家庭稳定的基础还在于双方的信息交流。结婚实际是双方签订了一个契约，规定了双方的权利与义务。但在不完全信息基础上的契约不可能是完全的，各自都可以在不违背契约的前提下发生机会主义行为，留私房钱大概就是这种机会主义行为之一。如果机会主义行为太严重，只有解除契约，这就是离婚。签约（结婚）、履约（过家庭生活）、解约（离婚）就是结婚的交易费用。

作为一种经济行为，婚姻也有成本与收益，理性人的婚姻行为也是有意无意地以最大化为目标。两个人结婚要付出成本，用于结婚和组成家庭的费用是直接成本，各自放弃的单身时的自由（再爱别人的自由和行动自由）是机会成本。收益包括实际收益与心理收益。组成家庭两个人一块儿生活实现了规模经济，不仅生活费用减少而且共同努力收入增加，这是实际收益。家庭生活给人带来的种种享受则是心理收益。一般情况下，收益大于成本，所以才有婚姻。也有人认为成本大，尤其是机会成本大，就宁可当一个快乐的单身汉或单身白领丽人。

也许人在正常的家庭生活中不会有这种成本与收益分析的意识。但在处理婚姻中的一些难题时，肯定会有一种成本与收益考虑。比如面临是否离婚时这种考虑是首要的。解脱不幸的婚姻能给当事人带来收益，但当事人更多要考虑成本。财产分割的损失、离婚付出的赔偿、打官司的费用等都是直接成本，也许这种成本还相当巨大。名声的损失、对子女的心理影响等可作为心理上的成本。如果离婚的收益大于成本，会作离婚决策，但如果离婚成本太高，就只有维持"死亡的婚姻"了。文学家常感叹没有爱情的婚姻如何可以维持，经济学家的回答很简单：没钱离婚。

家庭作为一个经济单位当然有适度规模问题。大家庭固然有规模经济，但像巴金的小说《家》中所描写的那种封建式大家庭中机会主义行为实在太严重了。这种大家庭中的每个小家都想从大家中得到利益而不付出成本（不干活儿或干活儿赚了钱不上交），这种大家庭能不解体吗？现在一些人对某些年轻人的"吃老"现象不以为然，其实"吃老"就是大家庭中机会主义的表现形式之一。现代社会以"核心"家庭（父母与未成年子女）为主是符合经济规律的。

传统经济理论只偏重于分析经济行为，当美国经济学家贝克尔提出对家庭经济行为的分析时许多人还颇不以为然。但现在这种分析已被广泛接受并运用于政策制定。经济学家还用同样的原因分析种族歧视、犯罪等广泛的社会行为。许多人把经济学扩大到非经济行为分析称为"经济学帝国主义"。其实现在所需要的是各学科的相互"帝国主义"。这就是说，只有各学科的交叉才能更好地解决人类社会面临的许多复杂问题。

最优不是完美

有一对年轻夫妇,女的曾经是我的部下,男的是我的朋友,在别人看来,他们是完美的一对,女的漂亮温柔,男的英俊能干。可是有一天,他们闹起了离婚。女的告诉我,丈夫老嫌她这也不好,那也不行,家庭倒没有"热暴力",但是充满了"冷暴力"。我问男的,这么好的妻子,你还不满足,是不是"烧的"?男的讲了妻子许多缺点,诸如"客人来时哪句话不得体,坐着时腰板不直,炒菜花样太少"等鸡毛蒜皮的事。我批评他,就这点小事值得离婚?他说,我是一个完美主义者,这不就是你们经济学讲的最优吗?

也许是最优化害了他,我最终没能挽救这桩婚姻。不过,我认为不是经济学的最优化目标害了他,而是他误读了"最优"这两个字。经济学讲的最优是在限制条件之下的最好结果,比如资源有限时的利润最大化。正因为有条件限制,最优化并不是没有缺点的完美,也不是理想化的东西。对任何事,每一个人心中都有一个完美无缺的理想模式,但做事的是本性利己又只有有限理性的人,事情如何能完美?只要做事的人尽到了最大努力,其结果就是最优的,但绝不是完美的。经济学所讲的选择不是要找到最好的,而是在若干种可以实现的结果中选一个最优的,或者说缺点较少的。以婚姻而言,不是要找世界上最好的男人或女人,而是在有可能与你结婚的人中选一个最好的,或者缺点最少的,这样选出来的结果不是完美的,但在经济学上可以称为最优的。

有些人是完美主义者,或称为理想主义者。他们总在追求完美无缺的东西,不允许白玉有微瑕。他们活得很累,活得很苦,甚至往往成为偏执狂,所谓生活的压力、精神疾病、忧郁症等,大多来自这种对完美的无止境追求。北京人称这种人"有病"。

个人"有病"也就算了,追求自己的理想和完美,达不到目的,受苦的是自己,毁掉的是自己的生活,但是如果要把这种对完美的追求强加在别人和社会身上,那就会给别人和社会带来灾难,有不良的外部效应了。

像我那位朋友追求妻子的完美,后果并不严重,无非皆大欢喜的离婚而已。好在他的妻子不是完美主义者,又找到了也不完美的新丈夫,共同过着不完美却很幸福的生活。但如果父母追求子女的完美,孩子又无法解脱这种血缘关系,那孩子和父母都很苦。极端的情况有父母嫌子女不完美将其杀害的,也有子女达不到完美而把父母杀害的。常见的情况则是家庭关系紧张或者子女心理有缺陷。据我当几十年教师的观察，个性偏执、做事极端、内向沉闷的孩子，根源大多在于父母对子女完美的追求。原本是一条"虫"，非要成"龙"，成不了"龙"，连条"好虫"也当不上了。

扩大一点，如果完美主义者是企业老板，他总要求员工完美，这家企业别说发展，恐怕连生存都困难。老板们老说，人才缺，招不到人。我说，先别讲"人无完人"这句古话，先要问你准备出多少钱。市场经济的规律是便宜没好货，好货价必高。你花 2000 块钱就想雇大学毕业又有工作经验的人，这不连经济规律都违背了吗？企业不需要完美的人，需要自己适用的人。无论他如何不完美，只要有企业需要的一技之长就可以，这叫花钱不多，收益不小，才是经济学的最优。明白了这点道理，其实满世界都是人才，胡雪岩就是这样用人的，那个浑身毛病的刘不才当公关经理有多出色！

再扩大一点，如果完美主义者是社会改革家，以天下为己任，那社会可就惨了。现实社会总是有这样那样的缺点，于是就有了"大同社会""乌托邦"之类的理想社会模式。文人讲讲这种理想，让大家听听乐一乐可以，但真要付诸实施，建立这样理想的社会，那灾难可就大了。那些以天下为己任的理想主义者在改良的途径走不通之后就走上暴力革命之路。历代农民起义的领袖都是理想主义者，想实现均贫富的大同社会，起码是用这种理想来唤起民众的。那些起义的最高领袖是真的理想主义，还是用理想主义骗人，我们不得而知，但追随他的人中的确有相当一批理想主义者。他们有了理想主义,在实现社会完美的崇高目标下,杀起人来也就心慈手不软了。每一个农民起义政权都是建立在被理想主义残杀的累累白骨之上。一将功成万骨枯,这个"将"是理想主义者。

追求完美的理想主义者必然走向偏执,认为只有自己的理想模式是完美的,容不得别人反对,甚至"腹诽"。在建立政权后实行一代比一代更严酷的专政,为实现大同社会再一批一批地杀人。理想主义必然导致暴政,这是被一次又一次证明的真理。最后理想如何呢?以这样的代价实现的理想连被这些理想主义者推翻的不理想社会都不如。由理想主义走向极端,是历史上人类悲剧的根源。

我的朋友把他的离婚归罪于经济学的最优化观念。其实这与人间的一切罪行一样,不是经济学的错,是误读经济学的错。

可怕的理性人

在现实世界中,由于人的知识和能力有限,由于信息不充分,理性地行事更为困难。但是,如果这一切限制条件不存在,人就应该像经济学所分析的那样,理性地生活吗?

按经济学家的看法,婚姻是一种经济行为,有成本(恋爱、结婚的金钱与时间支出,婚后个人自由的限制及责任等),有责任(通过婚姻获得财产与责任等),也有收益(通过婚姻获得财产与地位,家庭生活乐趣,两个人共同生活为一个生活更为节约资源等)。如果理性地按成本—收益分析去结婚,并不一定幸福。那些为使婚姻的收益最大化或为钱、为权而结婚者,那些为使婚姻的成本最小化而闪电般结婚者,从经济学的角度看,都是理性的,但又有多少人真正幸福呢?婚姻的幸福在于双方感情的融合与升华,而感情无法用金钱衡量，也不适用于成本—收益分析。"糊里糊涂的爱"也许不是理性的，但往往却是幸福的。

按照消费者行为理论，人们购买并消费物品是为了获得最大的效用。一种物品的效用决定了消费者为之愿意支付的价格。人在购物时应该先评估一下物品的效用，然后才看看价格，只有在效用大于价格时，才做出购买决策。但现实中连经济学家本人也不按这种理论购物。对许多人来说，购物并没有这种效用-价格比较过程，但还是觉得"值"才买的。这就算大体上理性了。不过也有许多人，尤其是年轻人，年轻人中的女性，购物往往是"冲动"性的，或为广告所煽动，或为朋友所说动，或者纯粹对某种东西"一见钟情"，什么也不想，掏钱就买。说起来，这种购物行为的确不理性，也会遭到习惯于理性的长辈的指责。但这种购买对年轻女性来说或者是一种享受，或者是一种发泄，购买行为本身的欢乐要大于物品的效用。只要经济条件许可，有什么不对的？而且，如果缺少了这种非理性的"冲动性购买"，那些千奇百怪并没有什么实用价值的东西卖给谁？所有的人都太理性了，经济恐怕就要衰退。

当然，最不理性的行为还是赌博式的冒险与投机了。如果每个人都像经济学家所说的那样是风险回避者，这世界没有威尼斯商人从事地中海贸易，没有哥伦布去寻找新大陆，没有第一批企业家走与常人不同的路，没有索罗斯在股市兴风作浪，这将会是一个什么样的世界呢？中国人在传统上相当符合经济学家说的风险回避者，但这不正是中国长期停滞、落后的原因之一吗？推动历史进步的正是少数不符合理性原则的风险偏爱者。

人不能太理性了。人与动物的本质区别正在于理性，是理性使人不同于动物。但人又不能太理性了，太理性就没有人味了。人要有感情、有血性、有冲动。这些不是理性成本—收益分析的结果，而是本能性的反应，甚至是与生俱来的。如果一个人做什么事都进行冷静的成本—收益分析，不是让感情，而是让利益最大化原则主宰自己，做什么事都深思熟虑，反复比较成本与收益，这还是个有血有肉的人吗？这样理性地生活一辈子，恐怕在临终时也会悔恨。

这里应该强调的是，我们并不是说人不需要理性，而是说不能用理性去代替一切、消灭一切。人是理性与非理性的综合体。在大多数场合，人应该是理性的，以经济学家的思维方式来决定自己的行为。这就是我们常说的：做出理性决策。这种理性是从后天的学习中和人生经历中获得的。学习经济学正是为了提高这种理性分析和决策的能力。

理性分析决策能力不仅对需要理性的行为是重要的，对于许多非理性行为也是必不可少的。婚姻以感情为基础，感情很难用理性来分析，但婚姻要稳定、幸福，还是需要理性的，家庭理财的基本原理就是成本—收益分析。没有这种理性决策，感情也很难维系。年轻人难免有冲动性购买，但主要的消费决策，如买房子、汽车，还要有成本—收益分析。

经济活动或股市上的冒险，胆识相当重要。"胆"来自冲动，"识"却来自理性分析。只有"胆"而没有"识"，那只是蛮干，最后一事无成。当然，人们许多非理性行为中的理性成分，不一定来自经济学的学习，更多是来自经验。经济学理论是对许多人经验的总结和升华。这正是学习经济学的意义。

学经济学有教条式地学和灵活地学两种方法。如果教条式地学，总想按经济学原理行事，放弃了自己的情感与血性，其结果使自己变成一个可怕的理性人。这样学还不如不学。如果灵活地学，不把经济学原理作为教条，而作为一种思维方式，经济学就有益于人的理性与非理性行为。

纯理性地生活的人是痛苦的，那些精明地计算自己一言一行的成本—收益的人，活得太累了。一个既有理性，又有血性、感情的人才是有血有肉的真人。该放纵时就放纵，该理性时就理性，人才活得有滋味，也才有益于社会。学经济学应该让人能找到这两者适当的结合。

快乐至死

记得儿女小时候,我曾给他们买过一本《懒人找痛快》。说的是一个人无衣食之忧,也无所事事,却觉得活得不痛快、不快乐。于是他决定出去找"痛快"。有一天,他看见几个耕地的农夫,一边喝水,一边说"真痛快"。他忙问农夫"痛快"在哪里。这些人要他先跟他们一块儿干活儿,再去找"痛快"。不一会儿,他就大汗淋漓,拿起水喝了,不由自主地说"真痛快"。这时他悟到,原来"痛快"就在辛勤的劳动之中。

当初给孩子买这本书,有鼓励他们勤奋的意思。现在想来,这个故事其实回答了经济学中一个最基本的问题——如何实现幸福或快乐的最大化。我把幸福或快乐最大化作为经济学的基本问题,与把资源配置最优化或收益最大化作为经济学的基本问题是不一样的。把经济学作为最优化或最大化的科学，容易让人理解为经济学是实现这种目标的技术分析工具，这是对经济学的误解。从本质上说，经济学不是由一堆数学分析组成的实用技术，而是一种世界观。经济学的最终目标是社会如何实现共同幸福，个人如何度过快乐的一生——就像那个懒人一样，如何找到"痛快"。

经济学当然离不开资源配置问题，不能优化利用和配置资源，没有物质基础，一个社会谈不上幸福，个人也谈不上快乐。贫穷绝对不会有幸福或快乐。人生快乐的基础是财富，财富要用劳动——脑力或体力劳动——去创造，所以，劳动成为快乐的基础。无论对一个社会还是一个人，劳动都是快乐的源泉。

故事中所讲的懒人，无衣食之忧，财富是有的，为什么仍然找不到"痛快"呢？这就因为，说劳动是快乐的源泉，绝不仅仅在于劳动创造财富，还在于劳动本身就是快乐。《圣经》中把劳动作为对人类祖先亚当和夏娃"原罪"的惩罚。这仅仅反映了原始状态下，人求生之艰难。以后的新教和由基督教演变而来的摩门教等宗教，都把勤奋劳动作为人的一种优秀品质，再富的人也要劳动才符合教义。人生的快乐不仅在于享受财富，还在于创造财富，懒人有可享受的财富，但没有创造财富，他也找不到"痛快"。

为什么现实中许多人勤奋劳动，也创造了财富，仍然得不到快乐呢？如果一个人从事自己不喜爱的工作，把劳动作为一种负担，创造的财富再多也不会有快乐。快乐来自自己有兴趣的工作，这里又涉及两个问题。一是在选择工作中要选择自己有兴趣的工作，这实际是经济学所说的选择问题。其实兴趣也往往是一个人能力和特长之所在，选择工作的首要目标不应该是收入，而是自己的能力与兴趣。所以，工作不能从一而终，应该在不断的流动中实现自己的兴趣与潜能。市场经济符合人性正在于为人提供了一个自由流动的社会。资源流动是市场实现资源配置最优化的必由之路，人的劳动是资源，最优化就是与兴趣一致，潜能得到充分发挥。二是兴趣是培养的，只有了解了一种工作，你才会有兴趣，爱上它。我在中学时的兴趣是数学、文学和历史，当时根本不懂经济学，也谈不上兴趣，考大学时录取在了经济系，当时转系不可能，只好硬着头皮学下去。在学的过程中兴趣就越来越大，也从学习中享受到了快乐，找到了"痛快"。兴趣与爱情一样，有些是一见钟情的，有些是要在实践过程中培养的。先工作而后培养兴趣，就是先结婚后恋爱吧！

还有一些人劳动勤奋，也积累了财富，但并不感到快乐。听一些老板朋友经常抱怨累，没有快乐。我想其原因是劳动过多了。经济学中所讲的最大化并不是越多越好，没有止境的，而是约束条件下的最大化，即有限的。人的时间、精力和体力是人最大化的限制条件。经济中资源过度利用并不能带来社会幸福——面对污染的环境，再多的 GDP 也带不来幸福；人过多地劳动，透支脑力和体力，也不会有快乐。懒人干了一会儿活儿，找到了"痛快"，如果逼着他无休止地干下去，"痛快"就变成"痛苦"了。一个社会不能目标太高，只追求 GDP 高增长而忽视了其他；一个人也不能只想多赚钱而"忘我"干活儿。一些成功的老板预支了生命，用青春去换财富，何乐之有？经济学的中心思想是讲均衡的，成本与收益分析就是这两者之间的一种均衡。把体力和脑力的支出作为成本,收入作为收益,在这两者之间实现一种平衡时,劳动才是快乐的源泉。

《一千零一夜》中每篇故事的结尾几乎都是"他们快乐地生活,直至永远",看来快乐终生是人永恒不变的理想和追求。经济学要告诉我们的,正是如何通过劳动来实现快乐至死。如果那个懒人当初学了经济学,他找到的就不是一时的"痛快"而是终生"快乐"了。经济学可以称为快乐至死的"葵花宝典"。

预期使假梦成真

如果人人都预期下雨，天不一定会下雨，但如果人人都预期要发生衰退，经济真的就可能出现衰退。自然界与经济生活不同。下雨不下雨不以人的意志为转移，但衰退不衰退却会以大部分人（不是个别人）的预期为转移。

在经济社会中使假梦成真的关键因素是人们对未来经济状况的预期。人们的许多经济决策要在以后某一段时间才有结果，而未来是不确定的。因此，人们在作决策时一定对未来有某种预期，并根据这种预期作决策。例如，你在决定买不买房子之前，一定要预期一下未来的房价，并根据你对房价走势的预期来作买房决策。预期影响人们的经济决策，从而就会影响未来的经济走势。

假设一个经济在正常运行，但出现了发生某种问题的迹象，或者有某种未来悲观的流言，一些人就会预期未来经济要发生衰退，这种或真或假的预期或流言会逐渐扩大影响。这时未来经济衰退的预期就成为人们做未来经济决策的依据。于是，个人为应付未来的衰退及所引起的失业或收入减少而减少消费支出、增加储蓄。企业为应付未来的衰退而不再扩大投资，甚至不进行固定资产更新，以减少生产能力。当人人都预期未来会发生衰退，并按这种预期作决策和行事时，总需求减少，衰退真的就发生了。凯恩斯正是用这种资本家心理上的悲观预期，以及这种悲观预期引起的投资减少来解释经济衰退的。

也许有人会觉得，预期的作用会有这么大吗？你只要看看我国当前的股市就明白这一点了。一般而言，股市的变动反映了经济的变动。经济繁荣，股市"牛"市；经济衰退，股市"熊"市。无非是股市变动在先，而经济变动在后。我国这些年经济增长强劲，保持了9%左右的增长率，但股市却一"熊"到底，甚至有跌至1000点心理防线以下的危险。尽管政府打了好几支强心剂，但并不见效，造成这种状况的原因是多方面的，但我认为很重要的一点就是股民对股市失去了信心，预期悲观。当初许多企业（尤其是国企）上市是为了圈钱。原本经营不好，甚至要破产的企业，经过包装上市之后，骗走了股民的钱。可惜这些企业机制并没有变，把圈到的钱花光之后，仍走上破产的绝路。股民深受其害，把上市企业看作骗子，甚至预期股市要崩盘。在这种预期之下，无论经济多么强劲，人们仍不入市，甚至有机会就赶快胜利大逃亡。股市能"牛"起来吗？对股市的悲观预期引起了股市"熊"市，这在各国都一样。中国的特色在于这种预期的形成在于地方政府帮助企业"包装上市"。狂叫"狼来了"的孩子是要受到惩罚的。中国股市"熊"市正是对当初"包装上市"的报复,因为这种造假对股民预期的形成起了关键作用。

预期是一种心理现象,不好解释。经济学家早就认识到预期的重要性,但不能令人信服地解释预期是如何形成的。或者认为预期是无理性的,难以捉摸的;或者认为预期仅仅是一种经验的推导。凯恩斯重视预期的作用,但他没有说明预期形成的机制,因此,他对经济衰退的解释受到后人的批评。

什么因素对预期的形成有重要影响?美国经济学家费尔普斯和弗里德曼提出了适应性预期的概念。他们认为过去的经验是影响人们未来预期的最重要因素,但并不是简单地把过去的经验推导到未来,而是根据过去的经验修改并调整对未来的预期。这种理论可以解释一些现象,但还不能令人满意。卢卡斯提出了理性预期的概念,认为理性人可以根据所获的全部信息做与未来出现的结果一致的预期。人在进行预期时能否得到所需要的信息一直是一个有争议的问题。理性预期概念的提出被认为是宏观经济学中的一场革命,此后预期被引入宏观经济之中,得出了许多有意义的结论。

在这些结论中最重要的就是政策无效论。这就是说,如果按常规采取政策(例如,经济衰退时降息刺激,经济过热时加息抑制),人们可以预期到,从而采取对策,使政策无效。如果政策是随机的,使人们无法预期,可以靠蒙蔽人们而暂时起到作用,但人们不可能长期受骗,随机政策用多了,不仅对经济不利,反而会加剧经济不稳定。因此，政府不应该用政策调节经济，只要把真实信息告诉人民，让他们做正确预期，市场机制本身完全可以实现经济稳定。

我们这里不准备讨论这种结论对还是不对，我们所关心的是如何引导人们作正确的预期。不要由于错误的预期引起对经济的不利冲击，诸如引起经济衰退或股市"熊"市之类的假梦成真。这里，卢卡斯的理论就有意义了：把真实信息告诉人民。过去我们的习惯是不报忧，强调正面引导。说起来这是好意，给人们好的信息，让他们做前途光明的乐观预期，经济岂不就始终乐观了吗？可惜结果往往与此相反。一味讲好，讲多了人们会不信的。现实与公开的信息严重背离，这信息就没人信了。人们从公开媒体得不到正确信息，"小道消息"就大行其道。"小道消息"其实也是错误不少，但人们宁愿信它，据此又会做错误预期。不说实话，最后受害的还是说谎者自己。当年包装上市就是谎言太多了，如今再说这些企业有多大成绩也没人信了。人们对股市作了悲观预期，导致股市长期低迷，谁也无可奈何。

当然，在传媒发达的今天，杂乱的信息也的确太多了。真的假的，百姓难以辨别，要使人民做较接近实际的预期还需要引导，这种引导不是强迫别人接受，而是要让人们自愿接受。这就要让各种意见都说出来，供人们自己选择、判断。一边倒，遇有不同意见就封杀、批驳的做法，只会适得其反。

最近媒体上关于房地产价格上升过快，房地产泡沫的说法不少，且为主流声音，我以为，都是结论性东西多，实证的资料

275

少。而且,往往只选对自己观点有利的资料。当年讲上海房价高,就说两三万一平方米,难道当时上海的房价都这么高吗?以繁华路段的房价来代表一般房价,恐怕难以说明问题。由此能不能得出房地产泡沫也值得深思。如果一味鼓吹房地产泡沫,使大家形成房地产市场要崩溃的预期,从而人们不买房,这房地产就真成泡沫了。但这对房地产、对整个经济有什么好处呢?

预期在现代经济学中是一个极其重要的概念。如何用真实的信息引导人们做出理性的正确预期,是一个值得我们深思的问题。

动物的经济学本能

寒带地区有一种体形健硕的豹,它们奔跑时启动与速度都很快,但由于体型的原因,消耗的能量也很大。所以,这种豹能精明地计算追捕猎物后能量的得与失。比如追逐一只野兔,如果追了200米还追不上,它就会放弃。因为即使再跑一段追到了,吃掉野兔后所获得的能量,也弥补不了追逐野兔所消耗的能量。

这说明成本—收益计算其实是一种动物的本能。任何动物都面临资源的稀缺,并要在这种限制条件下生存与发展。这就要尽可能充分地利用它可以得到的资源。比如,科学家证明了,蜜蜂所建的六角形蜂房是最节约建筑材料的。所有动物都是无意识地按成本—收益分析行事,并追求最大化的,这是产生于动物求生存和发展的本能。尽管它们没有用复杂的理论来表述这个道理,但却在各种活动中按这个原则行事。

那么,作为万物之灵的人,比动物有什么进步呢?如果是一个猎人,他在追捕野兔时,起码有两点要比这种豹子强。第一,猎人在行动之前会进行预测。如果他事先已看出野兔的速度太快,自己追不上,就不会贸然采取行动,去跑那徒劳无益的200米。这就是说,人会根据理论或经验进行预测,并在此基础上做行动决策。第二,如果猎人已经跑了200米,决定还追不追就要考虑再追下去还要增加多少消耗和得到多少能量。已经跑过的200米所消耗的能量与是否再追下去的决策无关,因为已经消耗,无论是否再追都无法收回了。如果再追200米所消耗的能量小于吃到野兔获得的能量,就要再追下去。

无论这个猎人学没学过经济学,当他这样思考时就自觉或不自觉地运用了经济学。人总是根据预期来做决策的,经济学告诉我们如何作理性预期,作决策时考虑的不是总量,而是增加量——经济学家称为边际量。已经支出的称为无法收回的沉没成本,决策时可以不考虑。这些概念都是我们有意或无意地经常使用的。运用这些概念可以使我们的决策更理性,这正是人比豹子的高明之处。

作为一个企业家,所面临的问题远远比猎人追野兔复杂得多。当企业规模小时,可以凭直觉和经验来经营管理。绝大多数企业家在开始时都没有经济学及相关知识的准备,许多人甚至文化水平都不高。但他们凭着对市场的直觉、胆识和勤奋成功了。在这一过程中,他们付出了学费,也积累了丰富的经验。当企业做大时,这种直觉和经验就不够了。大企业所要解决的问题比小企业复杂得多。小企业可以是个人所有制，权、责、利完全统一在一个人身上，这个人既是所有者，又是经营者。大企业必定是产权多元化的股份制，所有权与经营权分离。在大企业中如何建立合理的公司治理机制，协调所有者与经营者的利益，实现制度化决策和运行就至关重要了。小企业无所谓战略，摸着石头过河就是了。大企业必须有战略，知道自己未来如何发展。这种战略的制定和实施都是一个系统工程，涉及许多知识。小企业管理也简单，完全可以凭经验处理各种正常事务。大企业的管理要复杂得多，需要不同部门和不同人的协调。大企业所面临的市场环境也比小企业复杂而多变。从小企业变为大企业不是量的增加，而是质的改变，这就引起无数每天都要面对的问题。

企业往往是在由小变大的过程中灭亡的。究其原因还是企业家的决策失误，或能力不足以控制大企业。人的能力有先天的，也有后天的。后天的能力不仅来自经验，还来自学习。当你学了经济学时，你会有一种"柳暗花明又一村"的感觉，会自觉地运用经济学知识来指导自己的行为。经济学无非是前人经验的总结，它不能提供现成的答案，但可以为我们解决企业经营管理中的各种问题提供一种分析方法和思路。

有经济学知识的企业家的决策和经营会更理智，事业会更成功。这正是我们主张企业家学点经济学的原因。